重大なネガティブ体験の意味づけに関する心理学的研究

堀 田　亮 著

風 間 書 房

目　次

第Ⅰ部　意味づけに関する理論的検討

第1章　意味づけに関する先行研究の概観……………………3
- 第1節　意味づけに関する理論モデル……………………4
  - 第1項　喪失体験の意味づけに関する理論モデル……………4
  - 第2項　重大なネガティブ体験の意味づけに関する理論モデル：Park（2010）の統合的な意味づけモデル……………5
  - 第3項　包括的な意味（Global Meaning）……………7
  - 第4項　意味づけの過程（Meaning Making Processes）……………8
  - 第5項　生成された意味（Meaning Made）……………10
- 第2節　意味づけ研究の動向……………11
  - 第1項　生成された意味に関する研究の動向……………12
  - 第2項　意味づけの過程に関する研究の動向……………16
- 第3節　先行研究における問題の所在……………20

第2章　本研究の目的・構成・意義……………23
- 第1節　本研究の目的……………23
- 第2節　本研究の構成……………27
- 第3節　研究意義……………30

第Ⅱ部　意味づけに関する実証的検討

第3章　重大なネガティブ体験についての実態調査……………35
- 第1節　重大なネガティブ体験についての実態調査【研究1】……………35

第 4 章　意味づけにおける同化・調節尺度の開発 ……………49
第 1 節　重大なネガティブ体験の体験過程に関する面接調査
【研究 2】………………………………………………………… 50
第 2 節　意味づけにおける同化・調節尺度の作成と信頼性・妥当性の検討【研究 3】………………………………………………… 65

第 5 章　意味づけの過程に影響を与える個人特性 ……………81
第 1 節　同化・調節と楽観性の関連【研究 4】……………………… 82
第 2 節　同化・調節と自己開示動機・自己愛の関連【研究 5】……… 91

第 6 章　意味づけの過程に影響を与える状況要因 …………103
第 1 節　同化・調節と体験の質との関連【研究 6】……………… 104
第 1 項　同化・調節と人生への影響度・統制不可能感の関連【研究6-1】………………………………………………… 104
第 2 項　同化・調節と心的外傷性ストレス症状の関連【研究6-2】………………………………………………… 109
第 3 項　研究 6 のまとめ …………………………………… 112
第 2 節　同化・調節と体験から生じた感情との関連【研究 7】……… 113
第 1 項　同化・調節と PANAS の関連【研究7-1】………… 113
第 2 項　同化・調節と無気力感の関連【研究7-2】………… 116
第 3 項　研究 7 のまとめ …………………………………… 121
第 3 節　同化・調節とソーシャル・サポートとの関連【研究 8】…… 122
第 1 項　同化・調節とサポートの入手量・サポートを受けた際の感情の関連【研究 8】………………………………… 122
第 2 項　研究 8 のまとめ …………………………………… 130

第 7 章　意味づけの過程が自己概念の変容に与える影響 ……… 133
第 1 節　挫折体験の意味づけが自己概念の変容に与える影響
【研究 9・10】……………………………………………… 134
第 1 項　挫折体験の意味づけが自己概念の変容に与える影響（1）【研究 9】……………………………………… 134
第 2 項　挫折体験の意味づけが自己概念の変容に与える影響（2）【研究10】……………………………………… 141

第Ⅲ部　総括

最終章　総合的考察 …………………………………………………… 153
第 1 節　本研究のまとめ ………………………………………… 153
第 2 節　本研究の結論と意義 …………………………………… 156
第 3 節　本研究の限界と今後の展望 …………………………… 162

引用文献 ……………………………………………………………… 167
要旨 …………………………………………………………………… 183
本論文を構成する研究の発表状況 ………………………………… 189
本論文を構成する研究とサンプルの対応関係 …………………… 191

資料 …………………………………………………………………… 193
あとがき ……………………………………………………………… 201

第Ⅰ部　意味づけに関する理論的検討

第1章
意味づけに関する先行研究の概観

　　第1章では，意味づけ（meaning making）に関する理論や概念を整理し，これまでの研究動向についてまとめる。そして先行研究における問題の所在を明らかにする。

　"意味づけ（meaning making）"とは，臨床心理学の研究領域において，あるストレスフルな出来事，特に重大なネガティブ体験に直面した後の適応過程を説明する概念として提唱されている。ロゴセラピーの創始者であるFrankl（1969 山田他訳 2002）が，人間の基本的動機づけとして"意味への意志"を提唱したように，人は自己の存在を脅かされるような出来事，つまりストレスフルで危機的な状況に晒されると，その後の適応や人生に対する有意味感を回復させるために，新たな意味づけを行うよう動機づけられると考えられる。

　これまで"意味づけ"は，"意味"という語が非常に多義的であることも影響して，研究者によって異なる定義が与えられてきた。Folkman & Moskowitz（2000）は"意味づけ"を"個人が主観的に極めてストレスフルであると評価した出来事に対して行われる認知的対処"と定義しており，ストレスフルな出来事から回復するための対処方略として概念化している。一方で同様に，"自伝的記憶の再構成"（Bluck & Habermas, 2001），"認知構造の再構成"（Walker & Winter, 2007），"重大な苦痛を経験したにも拘わらず，精神的健康を維持する個人や，そうした経験を契機にしてより高い精神的成長あるいは人格変容を遂げる個人の心理学的プロセスを解明する概念"（羽鳥・小玉，2009）などと，"意味づけ"には研究者によって，様々な定義が与えられている。

用いる概念や理論は研究者間で様々ではあるものの，意味づけに関する研究は1980年代頃から盛んに行われてきており，知見の蓄積とともに，個人が重大なネガティブ体験を受容または乗り越えていくために有効な視座も提言されてきている。そこで第1章では，重大なネガティブ体験の意味づけに関する研究の動向について概観していくこととする。これまでの意味づけ研究をまとめることによって，意味づけという行為が，重大なネガティブ体験からの適応過程においてどのように寄与してきたかを整理し，重大なネガティブ体験をした個人に対する有効な支援や介入に向けた今後の課題や展望をまとめることが出来ると考える。まず意味づけに関する概念や理論モデルを紹介したのち，Park（2010）の理論モデルを基に，意味づけ研究を概観し，今後の課題と展望について述べる。

第1節　意味づけに関する理論モデル

"意味づけ"の対象とする重大なネガティブ体験としては，これまで主に喪失体験に関する検討が体系的に行われてきており，多くの理論モデルが提唱されてきている。従って，まず意味づけの中でも喪失体験に限定した理論モデルについて概観する。それから喪失体験に限定せず，重大なネガティブ体験全般において，体験の直後からその後の適応まで幅広いプロセスを取り扱った理論モデルである Park（2010）の "統合的な意味づけモデル（integrated model of meaning making）" を基に，これまでの意味づけ研究について詳細に概観していくこととする。

第1項　喪失体験の意味づけに関する理論モデル

喪失体験の意味づけに関する理論モデルとしては，例えば Freud（1917 井村他訳 1970）が提唱した "喪の仕事（mourning work）" や Kübler-Ross（1969 川口訳 1971）が提唱した "否認"，"怒り"，"取り引き"，"抑うつ"，"受容"

の"5段階説（five stages of grief）"，Worden（1991）による"課題達成説（the four tasks of mourning）"などが提出されている。これらは意味づけを含む一連の作業であり，悲嘆からの回復過程において，意味づけは重要な要素であることが言われている（Nerken, 1993）。さらに，これまでの段階説や課題達成説への批判から，Neimeyer（2002 鈴木訳 2006）は，喪失体験における"意味の再構成（meaning reconstruction）"を提唱し，理論化している。この理論は構成主義の考え方を反映させたものであり，これまで自明だと考えていた期待や夢，予想などが，喪失によって崩壊してしまった際，それらに"自分なりに意味づけ"をして新たに再構成していくという理論である（六塚，2008）。つまり自身の喪失体験をどのように理解し，どのように意味づけをするのか，そして自身の人生をどう構築し直すのかを考えるプロセスを表している。段階説や課題達成説が，喪失の体験から回復まで一定の段階（stage）を辿ることを示したのに対し，意味の再構成では，個人によって異なる局面（phase）に対して対処を繰り返すことを示し，意味づけの多様性を認めている。またこれまで受動的なものと捉えられていた喪失体験による悲嘆が，能動的，積極的な作業を通して，自身の世界観を構成していくことの重要性が示されるようになったと言える。

第2項　重大なネガティブ体験の意味づけに関する理論モデル：
Park（2010）の統合的な意味づけモデル

1980年代以降，意味づけは臨床心理学をはじめ，ポジティブ心理学，社会心理学，感情心理学など様々な領域において盛んに研究が行われてきている。その結果，意味づけの対象とする体験については，喪失体験以外の重大なネガティブ体験についても研究が行われ，疾病（例えば，Fife, 1995, 2005; Lepore & Kernan, 2009; Manne, Ostroff, Fox, Grana & Winkel, 2009），災害・犯罪被害（例えば，Creamer, Burgess & Pattison, 1992; Draucker, 1989; Koss & Figueredo, 2004; Thompson, 1985），トラウマ体験（例えば，Boals, Steward & Schuettler,

2010; Cann, Calhoun, Tedeschi & Solomon, 2010; Frazier, Tennen, Gavian, Park, Tomich & Tashiro, 2009; Williams, Davis & Millsap, 2002）など様々な体験についての意味づけが検討されてきている。

　研究の対象とするストレスフルな体験が多くなるに連れて，喪失体験を基にした理論モデルだけでは意味づけという現象を十分に説明できず，新たな理論モデルの構築が求められるようになった。そこでPark（2010）は，様々な重大なネガティブ体験を含めた意味づけに関する詳細なレビューを行い，統合的な意味づけモデルを提唱している（Figure 1-1）。この理論モデルによれば，信念や目標などに関する日常的な感覚を指す包括的な意味（Global Meaning）と，ストレスフルな体験をした際に行われる状況の意味づけ（Situational Meaning）という２つの構造を弁別している。さらに状況の意味づけは，意味づけの過程（Meaning Making Processes）と生成された意味（Meaning Made）から構成されている。

　統合的な意味づけモデルにそって意味づけを捉えると以下のようになる。まず人は，ある出来事・体験を経験したと同時またはその直後に，その出来事・体験の評価を行う。評価とは重大さやネガティブな認知，感情，思考の

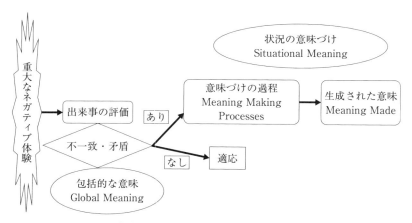

Figure 1-1　Parkの意味づけモデル（Park, 2010, p. 258, Figure 1を一部改変）

程度に加え，対処可能性なども含む。その評価と包括的な意味との間に不一致，矛盾が起こると，人は意味づけの過程へと動機づけられる。そして，意味づけの過程を経た結果として，生成された意味が得られ，包括的な意味の一部となっていくというプロセスを辿る。統合的な意味づけモデルの提出によって，これまで個別に検討が行われてきた意味づけに関する概念は，一連のプロセスとして整理できたと言える。以下に，モデルの各構成概念について紹介する。

第3項 包括的な意味 (Global Meaning)

包括的な意味とは，個人が持つ信念 (belief)，目標 (purpose)，仮定世界 (assumptive world)，統制感 (control) などであり (Reker & Wong, 1988; Janoff-Bulman, 1992)，重大なネガティブ体験に関わらず存在する日常的な感覚を指している。これらは人生初期において形成されるものの，経験をもとに修正されるとみなされている (Austin & Vancouver, 1996)。包括的な意味に関しては，仮定世界を測定する World Assumptions Scale (WAS: Janoff-Bulman, 1989) という尺度を用いて実証的な検討が行われている。WAS では，包括的な意味を人間に対する慈悲心，一般的な世界に対する慈悲心，自尊心，運，公平性，統制可能性，正義感，自己統制感の8つから構成されると考えている。Janoff-Bulman (1989) は，仮定世界はトラウマティックな出来事の影響を受け，出来事から数年経ってもその影響は続くことを明らかにした。また Rini, Manne, DuHamel, Austin, Ostroff, Boulad, Parsons, Martini, Williams, Mae, Sexson, & Redd (2004) は，骨髄移植を経験した子を持つ母親100名に対する縦断的調査を行い，トラウマティックな出来事は包括的な意味を変化させることを報告している。一方で，ストレスフルな出来事を通して包括的な意味の変化は起こらないという報告もある (例えば，Ginzberg, 2004)。こうした知見の不一致は，包括的な意味とはどこまで広い領域を示す概念か，その定義が研究者間で一致していないことがあげられる。例えば，

WAS で用いられるカテゴリーだけでは不十分であると主張する研究者もおり，Koltko-Riversa（2004）は WAS で想定している領域も含め42のカテゴリーを同定している。包括的な意味とは，個人によって内容や範囲は様々で，WAS のような尺度を用いて，部分的に測定できたとしても，すべてを網羅するように測定することは難しいと考えられる。

第4項　意味づけの過程（Meaning Making Processes）

　意味づけは，重大なネガティブ体験によって包括的な意味が侵害されたときに動機づけられるとされている（Park, 2010）。つまりある出来事が起きた時に，経験主体の持つ包括的な意味と，脅威度や統制可能感といった出来事の評価との間に不一致が生じたときに，人はストレスを感じ，意味づけへと動機づけられるのである（Carver & Scheier, 1998）。この不一致の程度によって知覚されるストレスの程度が決まり，その不一致を減少，解消させ，ストレスフルな体験からの回復を図ることが意味づけの過程の目的であると言える。松下（2008）は，意味づけの過程に関して，半構造化面接を用いた調査を行っており，ネガティブな経験は相対的に肯定的なものへと変わるが，否定的な面も含まれていることを示した。また，意味づけの過程は，一方向的に進んでいるのではなく，行きつ戻りつを繰り返すと考察している。Park（2010）のレビューでは，意味づけの過程は(a)同化と調節（assimilation versus accommodation processes），(b)理解の探求と意義の探求（searching for comprehensibility versus searching for significance），(c)認知過程と情動過程（cognitive versus emotional processing），(d)自動的と意図的（automatic versus deliberate processes）の4つの観点からカテゴリー化しているが，これらは相互に排他的であるのではなく，重なり合う部分が多分にあるとしている。

　1つ目の同化と調節に関しては，本研究で取り上げる中核概念であるため，概念の説明や先行研究の概観については，後述する。

　2つ目の理解の探求と意義の探求に関しては，Janoff-Bulman & Frantz

(1997) が，両者を"意味の付与（making sense）"と"利得の発見（finding benefit）"という語で概念化している。意味の付与は"ストレスフルな出来事が，個人の有している物事の考え方（正義感，公平性，世界観などに関する信念）と，どのように合致するのか理解すること"と定義されている。senseという語が示すように，意味の付与はストレスフルな出来事に対する個人の主観的な理解について言及している。利得の発見は"個人がストレスフルな出来事の重要性や精神的な価値を理解しようと試みること"と定義されている。利得の発見は，ストレスフルな出来事に適応できるように個人が認知を変化させていく自己調節過程全般を指しており（羽鳥・小玉，2009），こうした自己調節が成功すると，人は出来事に対して価値付けをしたり，利得を見出したくなったりするとされている（Janoff-Bulman & Frantz, 1997）。

意味の付与と利得の発見について実証的検討を行ったものとして，Davis, Nolen-Hoeksema & Larson（1998）がある。喪失体験に対する意味づけに関する縦断的調査を行った結果，出来事の直後になされた意味の付与は，6カ月後のPTSD症状と抑うつを抑制し，満足感や安心感などのポジティブな感情を増加させることが実証された。一方で利得の発見は，出来事の直後であるかどうかに関わらず，その後の適応を示す諸変数に対して，長期間ポジティブな影響をあたえることが実証された。研究によっては，意味の付与は"意味づけの過程"に，利得の発見は後述する"生成された意味"に分類している研究も見られる（例えば，Bonanno, Wortman & Nesse, 2004）。

羽鳥・小玉（2009）は意味の付与を主な研究対象として扱った研究は少なく，利得の発見の比較対象として扱われている研究が多いことを指摘しており，その理由として，意味の付与は利得の発見に比べ，重大なネガティブ体験を経験した後の心身の健康に与える影響が少ないからであると考察している。

3つ目の認知過程と情動過程に関しては，メカニズムの違いというよりは，強調点の違いであることが指摘されている（Gray, Magnen & Litz, 2007）。認

知過程とは，再評価と出来事と自身が持つ信念の繰り返しの比較である (Creawell, Lam, Stanton, Taylor, Bower & Sherman, 2007)。情動過程とは，情緒的混乱が和らぎ，他のことが混乱なく出来るようになるプロセスであり (Rachman, 1980)，ネガティブ感情への曝露と馴化を含み (Ehlers & Clark, 2006)，自身が何を感じているかを理解しようとすることである (Stanton, Kirk, Cameron & Danoff-Burg, 2000)。

4つ目の自動的と意図的に関しては，意味づけは，自動的で無意識的な過程としても（例えば，Horowitz, 1986)，意図的で努力を要する過程としても（例えば，Folkman, 1997)，概念化されている。

第5項　生成された意味 (Meaning Made)

生成された意味とは，意味づけの過程を通した変化や産物である (Park, 2010)。何をもって生成された意味とするかは研究者によって様々であり，これまで多くの変数が検討されてきた。以下に代表的な変数について紹介する。

1つ目は，自己成長感である。自己成長感とは，重大なネガティブ体験の経験を通して，個人がどのような点において，どのくらい変化，成長したかを表しており，生成された意味において最も多く検討されてきたものの1つである。Calhoun & Tedeschi (2006) は，自己成長感に関する概念は，"強さと新たな可能性 (Strength and New Possibilities)"，"人とのつながり (Relating to Others)"，"人生哲学の変化 (Changed Philosophy of Life: Priorities, Appreciation, Spirituality)" の3要素が含まれるとしているが，内容は研究者や使用する尺度に依存していると言え，すべての領域を網羅する尺度は存在しない (Park, 2004)。

2つ目は，肯定的再評価である。人は，新たな世界観を構築したり，以前から存在する世界観を用いたりして，より健全で信念や欲求に見合うように重大なネガティブ体験に対する評価を変えていく (Samios, Pakenham & Sofronoff, 2008)。つまり出来事に対する最初の評価と，後の再評価との変化も生成された意味と考えられている。喪失体験を故人との関係を再解釈するものと再評価することや（Bonanno & Kaltman, 1999），よりポジティブな出来事であると再評価すること（Resick, Galovski, Uhlmansiek, Scher, Clum & Young-Xu, 2008），または他者と比較し，他者が経験したものよりは，程度が軽いものであると再評価すること（Taylor, Wood & Lichtman, 1983）などが肯定的再評価としてあげられる。肯定的再評価は，コーピング研究から尺度化が試みられており，Folkman & Lazarus（1988）の対処様式尺度（Ways of Coping Questionna.re）の"人として良い方向に変化，成長した"，"経験する前よりも後の方が良い状態になった"，"新たな発見があった"，"人生における重要なものを発見した"の4項目は肯定的再評価に相当するとされ，実証的な検討が試みられてきた（例えば，Park, Folkman & Bostrom, 2001）。

　他にも，自我同一性の再構成や受容感の程度，包括的な意味の変化なども生成された意味として扱われている（Park, 2010）。抑うつ感やQOLなど適応や精神的健康を示す指標を生成された意味として位置づけている研究も数多く存在する。

第2節　意味づけ研究の動向

　ここからは，Park（2010）の統合的な意味づけモデルを基に，これまでの意味づけ研究の動向について概観する。これまで意味づけ研究では，生成された意味に関する研究を中心に多くの知見が蓄積されてきた。しかし近年の研究では，精神的健康や適応への一貫しない結果も提出されてきている。そこで生成された意味に関する研究で抽出された問題点を解消するものとして，生成された意味に至るまでの意味づけの過程が重要視されるようになってきており，研究が行われてきている。

第1項　生成された意味に関する研究の動向

　これまで意味づけは、重大なネガティブ体験を経験した結果獲得された生成された意味と、精神的健康や適応との関連の検討を中心に研究が行われてきた。つまり重大なネガティブ体験を経験後、経験した個人がどのような変容を遂げたのかという意味づけの結果に研究者の関心は向けられてきたと言える。

　Affleck, Tennen & Gershman（1985）は、集中治療室での治療が必要な新生児を持つ母親42名に対する横断的調査を行い、生成された意味は、ポジティブ感情の増加や回避傾向の低下と関連があることを示した。Draucker（1989）は、近親相姦の被害にあった142名の成人に対する横断的調査を行い、生成された意味は抑うつの低下と社会的障害の低減と関連があることを示した。またRussell, White & Parker（2006）は、多発性硬化症患者146名に横断的調査を行い、生成された意味を多く獲得した人ほど、人生満足感やQOLが高いことを明らかにした。生成された意味がもたらす精神的健康や適応に対するポジティブな影響に関する知見は、縦断的調査においても示されており、Thompson（1985）は、家が火災被害にあった32名に対する縦断的調査の結果、生成された意味は抑うつの低下と良い適応と関連があることを示した。またKoss & Figueredo（2004）は性的被害に遭った59名に対して縦断的調査を行い、包括的な信念のポジティブな変化や肯定的再評価は、PTSD症状の低減といった良い適応との関連を示した。

　しかし、生成された意味に関する研究では、成長感や包括的な意味の変化、アイデンティティの再構成など、研究によって生成された意味が示すものが異なる場合が多く、また生成された意味の測定方法も、独自に作成した数項目への回答を求めるといったものが多かった。そのため研究間で測定内容が異なり、結果を比較することは難しかった。

　そこで生成された意味をより体系的かつ実証的に研究できるように概念化

されたのが，Posttraumatic Growth（PTG：外傷体験後成長感）である。PTGに関する研究は数多く行われており，Tedeschi & Calhoun（1996）はPTGを実証的に検討するために，The Posttraumatic Growth Inventory（PTGI）を開発している。PTGIは21項目で構成されており，(a)"他者とのつながり（Relating to others）"，(b)"新たな可能性（New possibilities）"，(c)"人間的強さ（Personal strength）"，(d)"精神性の変化（Spiritual change）"，(e)"人生への感謝（Appreciation of life）"の5因子で成長を捉えている。日本においても，Taku, Calhoun, Tedeschi, Gil-Rivas, Kilmer & Cann（2007）が，日本語版外傷体験後成長感尺度（PTGI-J）を作成している。PTGI-JではPTGIとは異なる因子構造が確認されており，"精神性の変化（Spiritual change）"と"人生への感謝（Appreciation of life）"が合わせて1つの因子となり，4因子構造となっている。また中山（2008）や田口・古川（2005）でも異なる因子構造が見られ，日本においては一貫した因子構造は得られていない。

　PTGIはPTG研究において最も多く使用されており（American Psychiatric Association, 2004），PTGを多く知覚するほど，重大なネガティブ体験を経験した後の心身の健康に対して適応的な影響を与えることが実証的に示されている（例えば，Milam, 2004, 2006）。Gangstad, Norman & Barton（2009）は，過去4年間で脳卒中を経験したことのある60名に対する横断的調査で，PTGを感じることがその後の適応と関連があることを報告している。縦断的調査でも同様の報告がされており，Phelps, Williams, Raichle, Turner & Ehde（2008）は，四肢の切断手術を受けた83名に対して，手術後6カ月と12カ月の時点でPTGIへの回答を求める縦断的調査を行い，PTGを感じるほど，6カ月後の抑うつ傾向を減少させることを報告している。他にも乳がん患者を対象に縦断的調査を行い，QOLなど適応に関する変数へのポジティブな影響を示したCarver & Antoni（2004）やLechner, Carver, Antoni, Weaver & Philips（2006）がある。本邦においても，宅（2010）に代表されるPTGに関する一連の研究の他にも，近藤（2012）はPTGに関する概念や理

論を整理し，様々な体験，対象におけるPTGについてまとめている。また，尾崎（2011）がPTGの特徴としてスピリチュアリティ発達に注目していたり，伊藤・いとう・井上（2013）が家族の自死を体験した人たちが，どのようにその体験と向き合い，成長しているかという点を，PTGを用いて説明を試みたりと，PTGへの関心は近年高まってきていると言える。

加えて，生成された意味を導く，状況要因や個人特性に関する検討も行われてきている。Boals et al.(2010) は，重大なネガティブ体験が自身のアイデンティティにとって重要なものであると解釈された時ほど，より成長感が得られることを示しており，Helgeson, Reynolds & Tomich (2006) やPrati & Pietrantoni (2009) の行ったメタ分析では，楽観主義や信仰心の高さが，成長感の大きさと関連することが示されている。またLinley & Joseph (2004) のレビューでは，自己効力感やハーディネスの高さが，成長感の大きさと関連することが示されたものの，首尾一貫感覚（Sense of Coherence）とは関連しないことが示されている。

以上のように，これまで意味づけに関する研究の多くは，特に重大なネガティブ体験後の成長感に注目し，生成された意味に焦点を当てた検討がなされてきた。つまり，意味づけでは，生成された意味が得られるかどうかという結果が，その後の精神的健康や適応にとって重要であるとの見解が強く，生成された意味がもたらすポジティブな影響について知見が積み重ねられてきた。

しかし，近年では，生成された意味が重大なネガティブ体験後の精神的健康や適応に影響を与えないという研究結果も少なからず報告されてきている。例えば，Pakenham（2008）は多発性硬化症患者の介護者232名に横断的調査を行い，生成された意味は人生満足感の増加と関連があることを示したが，ポジティブ感情とは関連が示されなかった。また，流産を経験した女性に対して横断的調査を行ったTunaley, Slade & Duncan (1993) は，生成された意味と侵入思考の減少は関連があるものの，抑うつや不安，回避傾向の減少

とは関連がないことを示した。他にも，生成された意味は well-being の増加には関連がないことを示した Dirksen（1995）の研究もある。

　PTG 研究においても同様のことが指摘されており，重大なネガティブ体験後の精神的健康や適応に対するネガティブな影響についても報告されている。Tomichi & Helgeson（2004）の乳がん患者を対象にした調査では，PTG はネガティブ感情に正の影響を，QOL に負の影響を与えたことを報告している。他にも PTG が重大なネガティブ体験後の適応に対して有意な影響を与えていないと報告している研究は存在する（例えば，Michael & Snyder, 2005; Widows, Jacobsen, Booth-Jones & Fields, 2005）。

　こうした生成された意味が精神的健康や適応にもたらす一貫しない研究結果に対する説明として，これまで主に 2 つの原因があげられている。それは生成された意味を表す概念の妥当性の問題と，生成された意味が機能する時間の問題である。

　まず生成された意味を表す概念の妥当性に関しては，前述の通り，これまで生成された意味は数項目の質問を用いて測定されたものも多く，的確に査定できているかは疑問が残る。また PTGI という尺度を用いて実証的に検討されてきた PTG についても，(a) PTG は真のポジティブな変化を反映しているのか，(b) 測定方法は妥当なのかという 2 つの疑問が提示されている（Frazier et al., 2009）。また，同様の指摘が，McFarland & Alvaro（2000）や Nolen-Hoeksema & Davis（2004）によってもなされている。この疑問は現在も議論を分かつところであり，縦断的研究もしくはプロスペクティブな研究を用いた追試検証が求められている（Frazier et al, 2009）。加えてストレスフルな体験後の成長感を示す概念として，Stress-related Growth（Park, Cohen & Murch, 1996），Benefit finding（Mohr, Dick, Russo, Pinn, Boudewyn, Likosky & Goodkin, 1999），perceived benefits（McMillen & Fisher, 1998），positive by-products（McMillen & Cook, 2003），thriving（Abraido-Lanza, Guier & Colon, 1998）など多くの概念が提出されてきており，生成された意味としての成長感は

PTG に限らず，様々な構成要素があるとされている。

　2点目の生成された意味が機能する時間については，PTG は重大なネガティブ体験の経験後，一定の期間を経て機能することが，Carver & Antoni (2004) や Lechner et al. (2006) によって示唆されている。Janoff-Bulman (2006) は，人は重大なネガティブ体験を経験すると，その出来事に対する認知的対処（cognitive processing）を行い，その認知的対処にはある程度の時間が必要なことを指摘している。そして，そうした認知的対処は，PTG を促進することが指摘されている（Bower, Kemeny, Taylor & Fahey, 1998）。つまり，これまでは生成された意味という意味づけの結果についての研究が重ねられてきたものの，その一貫しない結果故に，生成された意味の獲得やその後の適応には，個人がどのような対処を行ったのかという意味づけの過程こそが重要であるとの指摘がなされ，そのプロセス解明の必要性が主張されるようになっている（松下，2008；Frazier et al., 2009；羽鳥・小玉，2009；Park, 2010）。

第2項　意味づけの過程に関する研究の動向

　生成された意味が精神的健康や適応に及ぼす影響について，一貫しない結果が報告されるようになったことで，意味づけ研究は，生成された意味を導く，意味づけの過程について明らかにすることにも関心が向けられるようになった。それはつまり，何と意味づけたかという結果についての研究から，どのように意味づけたかという過程についての研究へのパラダイムシフトと言える。以下に意味づけの過程に関する研究の動向について概観する。

　前述した通り，意味づけの過程は，Park (2010) のレビューでは4つのカテゴリーに分類することが出来る。そして，それらは重なり合う部分が多分にあることが指摘されている。そこで本論文では，特に同化と調節の観点から意味づけの研究動向をまとめることとする。その理由としては2点ある。1点目は，同化と調節は，重大なネガティブ体験後のポジティブな変容だけ

ではなく，ネガティブな変容とも関連が検討されているからである。これまでの意味づけ研究は，ポジティブな変容を重要なアウトカムとして，重大なネガティブ体験からの適応過程を説明することで，従来のストレス研究やコーピング研究とは異なる新たな視座を提供しようと試みてきたと言える。しかしながら，重大なネガティブ体験後のネガティブな変容も適応過程を論じる上では軽視することは出来ないと考えられる。そこでポジティブ，ネガティブ両側面からの検討を試みている同化と調節という概念を扱うことによって，重大なネガティブ体験を経験した個人への，より多面的で包括的な介入や支援への示唆が得られると考えられる。2点目は，同化と調節に関しては，Joseph & Linley（2005）が有機体価値理論（organismic valuing theory）を提唱しており，体系的な研究が行われ始めているからである。

　同化と調節は，ある重大なネガティブ体験を経験すると，人々が日常的に抱いている自己や世界に対する認識である仮定世界（assumptive world）が脅かされ（Janoff-Bulman, 1992; 安藤，2009），この仮定世界が重大なネガティブ体験によって崩壊した時に，"なぜこんな出来事が起きたのだ"，"なぜ私なんだ"といった問いを通して，人は意味づけに動機づけられるとしている（Burnell & Burnell, 1989）。

　Janoff-Bulman（1989）によれば，仮定世界は3つの側面から成立しており，第一は自分を取り巻く世界に関する仮定である。これは人，世界は善なるものであり，世の中にはそうとは思えないことを認識しつつも，自分が住む世界の人々は善良であり，悪い出来事よりも良い出来事のほうがよく起こると認識することである。第二は，世界は意味のある存在であるという仮定である。これは様々な出来事は，ある秩序によって起こると認識することである。第三は，自己は価値ある存在であるという仮定である。これは，自身を愛すべき，善良な，能力を備えた人間であると認識することである。

　同化は新しい出来事をあらかじめ存在している仮定世界に取り入れることであり（Block, 1982; King & Hicks, 2006），比較的自動的に起こるものであると

されている。一方で調節は，出来事を経験したときに仮定世界が打ち破られ，意味システムを修正，改訂する必要に迫られることであり（Janoff-Bulman, 1992），より意図的で努力を要する過程であると言える（King & Hicks, 2009）。安藤（2009）は，"仮定世界のゆらぎが一時的で，最終的には仮定世界の中で理解できること"を同化とし，"仮定世界による理解を超えているため，認知的，感情的に処理する過程"を調節と定義している。Davis & Morgan（2008）は，同化とは"自身が持つ世界観や自己感に一致するように出来事を再解釈すること"であり，調節とは"その出来事によって示唆された新しい情報を取り入れるように自身の世界観や自己観を変化させること"であると定義している。また，King & Hicks（2009）は，同化を意味の見出し（detecting meaning），調節を意味の構築（constructing meaning）という語で表現し概念化しており，重大でポジティブな出来事では意味の見出しが，重大でネガティブな出来事では意味の構築が行われることを示した。King & Hicks（2009）は，これまでストレスフルな体験を対象としていた意味づけ研究において，ポジティブな体験についても検討した点において有意義であると言える。

　同化と調節の観点から，Joseph & Linley（2005）は，重大なネガティブ体験から回復し成長に至るまでのプロセスを説明する有機体価値理論（Organismic valuing theory）を提唱している。この理論は人間性心理学とポジティブ心理学を拠り所として提唱されており（Joseph & Linley, 2005），人は重大なネガティブ体験を経験した時に，生得的にwell-beingや人生満足感の向上へと動機づけられ，成長を目指すと考える。ここでの成長とは新たな世界観と捉えられており，(a)他者との関係の強化，(b)自己の捉え方の変化，(c)人生哲学の変化の3要素から構成されるとしており，重大なネガティブ体験から成長を得るために必要な意味づけの過程として同化と調節を位置づけている。同化とは，これまで自身が持っていた信念を維持しようとすることであるので，重大なネガティブ体験前のベースラインに戻ることは出来る。しかし今

後起こりうる重大なネガティブ体験への脆弱性は残るとされている（Joseph & Linley, 2006）。調節とは世界観の変更を必要とするものであり（Janoff-Bulman, 1992），ポジティブな調節とネガティブな調節の2種類があるとされている。ポジティブな調節は成長へと繋がるとされているが，ネガティブな調節はストレスや抑うつ，絶望感など精神病理へと繋がるとされている（Joseph & Linley, 2006）。Joseph & Linley（2005）によれば，人間は基本的な性質として調節を行うが，そのためには周囲の支持的な環境が必要であるとしている。加えて同化または調節のどちらを行うかは，個人特性や，仮定世界との不一致の程度すなわち重大なネガティブ体験を経験した状況による影響を強く受け，その結果，重大なネガティブ体験を通してどの程度成長感を得られるかも異なるとされている。

　同化と調節に関する先行研究としては，Payne, Joseph & Tudway（2007）が，有機体価値理論に基づき，13名に対する半構造化面接を行い，解釈学的現象学的分析による検討を試みている。その結果，仮定世界の崩壊によって不安は高まり，そこから生じるストレス減少のためには同化が有効であること，同化と調節は同時に起こる可能性があること，調節は，ネガティブな方向に向かう危険性もあることを考慮し，ポジティブな方向へと導く働きかけが必要であることを示唆している。また，コーピングとの関係を指摘したFolkman（1997）は，調節を問題焦点型のコーピングであるとしている。同化と調節がもたらす，生成された意味やその後の適応に対する影響に関しては，Joseph & Linley（2005）が，調節のみがPTGを導くことを指摘しており，Brandstadter（2002b）やDavis, Wortman, Lehman & Silver（2000）も，調節の方がwell-beingの増加や抑うつ傾向の低下といった生成された意味や適応へのポジティブな影響が大きいことを指摘している。一方で調節よりも同化が意味の生成や適応において優れていると報告する研究も存在している（例えば，Tomichi & Helgeson, 2004）。しかし，これらの研究は仮説生成を目的とした理論的検討に留まっている。Park（2008）やManne, Ostroff, Fox,

Grana & Winkel（2009）は，異なるタイプの意味づけの過程が，異なる生成された意味，異なる精神的健康や適応と関連がある可能性を指摘しているが，同化や調節が後の生成された意味や精神的健康，適応を導くかどうかについての研究は数少なく，測定方法も未確立なため，未だ十分な知見は得られていない。

第3節　先行研究における問題の所在

これまで意味づけ研究の動向を概観してきたが，いくつかの解決すべき問題点があると言える。それらについて以下に3点まとめ，先行研究における問題の所在について述べる。

生成された意味に関する研究結果が一貫していない

第1に，前述してきたように，意味づけ研究はこれまで生成された意味に関する研究が中心に行われてきたが，一貫しない結果が提出されるようになってきているという問題がある。その背景には，生成された意味を表す概念が研究者間によって様々で十分な妥当性が得られていないということに加え，生成された意味が機能するには時間を要するということがあると言われている。従って，こうした問題点を解決するために，重大なネガティブ体験に対して，どのような方略を用いて対処を行っていったかという意味づけの過程に着目し，検討を行う必要があると考えられる。

意味づけの過程に関する測定方法が明確になっていない

第2に，近年意味づけの過程を解明することへの関心は少しずつ高まってきており，研究が行われ始めてはいるものの，その多くは理論的検討に留まっているという問題がある。これは意味づけの過程を測定する方法が未だ確立されていないからであると言える（McFarland & Alvaro, 2000）。意味の生成

に関してはPTGIをはじめとして，いくつかの尺度が開発されているが，意味づけの過程に関しては，意味づけ研究とは異なる研究領域で開発された尺度をそのまま援用している研究も見受けられるなど（例えばCreamer, Burgess, & Pattison, 1992; Lepore & Helgeson, 1998），信頼性，妥当性について十分に検討された尺度はほとんどない。

意味づけの過程に関する実証的知見が不足している

第3に，これは測定方法が確立されていないことにも起因するが，意味づけがどのような過程を経て進んでいくのか，そして意味づけの過程が生成された意味やその後の適応にどのような影響を与えるのかについて十分に明らかになっていないという問題がある。意味づけの過程は，体験主体の個人特性や，重大なネガティブ体験を経験した際の状況要因によって，その過程が異なるものと思われ，それぞれの意味づけには異なる特徴や機能があると考えられる。近年では，意味づけの過程が，生成された意味やその後の適応に与える影響について，影響を与える，与えないというall or nothingの観点から捉えるのではなく，異なるタイプの意味づけの過程が，異なる生成された意味，異なる適応と関連があると捉えるべきであるという指摘もなされている（Park, 2008; Manne, et al., 2009）。

以上に述べてきたように，意味づけ研究は多くの検討がなされてきてはいるものの，未だ概念や理論は乱立している。特に意味づけの過程に関しては，実証的かつ体系的な研究が十分になされているとは言い難く，未だ現象として明らかにされていない点も多く，意味づけの過程が持つ特徴や機能については未解決な問題も多いと言える。

第2章
本研究の目的・構成・意義

　　第2章では，先行研究の動向と問題点を踏まえ，本研究の目的を
　宣言し，構成と研究意義を述べる。

第1節　本研究の目的

　第1章でまとめたように，意味づけ研究はこれまで，生成された意味に着目し，多くの理論や概念が提出され，実証的検討がなされてきた。一方で，近年では，一貫しない研究結果の提出により，意味づけの過程こそが，重大なネガティブ体験からの適応過程や自己の変容に影響を与えるとの見解が示されるようになってきており，生成された意味という意味づけの"結果"よりも意味づけの過程という意味づけの"プロセス"の解明が求められている。しかし，この意味づけの過程に関しては，測定方法が不明確であることも影響して，未だ実証的検討が少なく，未解決，未検討点は多い。

　そこで本論文では，意味づけの過程に影響を与える要因や，意味づけの過程が持つ特徴や機能について実証的に検討し，重大なネガティブ体験を経験した個人が経る意味づけの過程や，その過程を通した個人の変容を明らかにすることを目的とする。意味づけの過程については，第1章でも述べたように，同化と調節の観点から検討を行う。本研究では，安藤（2009），Davis & Morgan（2008），Joseph & Linley（2005），King & Hicks（2009）の定義を参考に，同化を"自身が持つ物事の見方や考え方に一致するように自然とその体験を解釈，了解できること"，調節を"その体験を理解，解釈するために意識的，意図的な認知，感情的処理を行い，自身が持つ物事の見方や考え方

を修正していくこと"と定義することとする。

　同化と調節の観点から実証的検討を行い，意味づけの過程について明らかにしていくために，以下の3点を中心に研究を行う。

同化と調節に関する測度の開発

　まずは同化と調節に関する測度を開発する。同化と調節という意味づけの過程について，信頼性と妥当性を備えた尺度を作成することが出来れば，実証的検討が可能になると考えられる。

同化と調節に影響を与える個人特性・状況要因の検討

　次に同化と調節に影響を与える個人特性や状況要因を同定する。重大なネガティブ体験を経験した時に，個人が同化と調節のどちらの対処を取るかは，パーソナリティや認知，思考の特徴といった，経験主体が持つ個人特性の影響や，重大なネガティブ体験の状況要因の影響を受けると，多くの研究者が主張している　(Brenda, Skaggs, Cecilia, & Barron, 2006; Joseph & Linley, 2005; Fjelland, Barron, & Foxall, 2007; Payne et al., 2007)。つまり，同化または調節を行うかは個人差があることが推察されるとともに，重大なネガティブ体験がどんな体験であったかによって，同化または調節の行いやすさは変わると考えられる。従って，同化・調節に影響を与える個人特性や状況要因を検討することで，意味づけという現象をより多面的かつ包括的に捉えることが出来ると考えられる。

同化と調節が持つ特徴や機能の検討

　最後に，同化と調節が生成された意味に与える影響について検討することによって，意味づけの過程が持つ特徴や機能について検討する。意味づけの過程と，個人の変容や適応との関係を明らかにすることによって，重大なネガティブ体験を経験した人への援助や臨床的介入を行う際の有意義な示唆を

得ることが出来ると考えられる．

　以上の3点について研究を進めていくことで，同化と調節の観点から意味づけの過程について実証的検討を行っていくこととする．以下に本研究の実施にあたり，調査対象と倫理的配慮，調査・分析方法についてまとめる．

調査対象

　本研究は一般大学生を対象に調査を行うこととする．従って意味づけ研究が主として対象にしているような臨床群とは体験された経験の質が異なることも推測される．しかし，Vrana & Lauterbach（1994）によれば，大学生であっても，重大なネガティブ体験を経験した際には，臨床群と同様の心理的反応を示すことが実証されている．従って，一般大学生を対象としても十分有意義な示唆，知見が得られると判断した．

　また，意味づけの対象として扱う体験を"重大なネガティブ体験"とした．本研究ではこれを"必ずしもトラウマ症状の生起，維持を前提とはしないものの，極めてストレスフルで，ネガティブな認知，感情，思考を伴う体験のこと"と定義する．

　その理由としては，意味づけ研究では対象となる出来事，体験を，日常ではあまり経験されない重大な出来事に設定しており，ポジティブに解釈される要素があることも認めながらも，基本的にはネガティブな体験として認知される出来事を対象としているためである．先行研究では"トラウマ体験"と表記している研究も見られるが，意味づけ研究では必ずしもDSMのPTSD診断基準で定義されている外傷体験に限定されないため（宅, 2010），誤解を招く可能性があるため用いなかった．他にも"ストレスフルなライフイベント"と表記している研究も見られるが，ストレスフルなライフイベントとした場合，必ずしも意味づけが対象としている疾患や喪失，災害等のネガティブな体験に限定されず，結婚や転職などポジティブな体験としても経験されうる体験も含まれるため，対象が不明確になると考え，用いなかった．

以上より，"重大なネガティブ体験"という語が示す意味をまとめると，(a)日常ではあまり経験されない極めてストレスの強い体験であること，(b)しかし，その体験，出来事を経験することは必ずしも PTSD の罹患に繋がるわけではないこと，(c)体験した当初にポジティブな体験と解釈されることは少なく，ネガティブな認知，感情，思考が伴う体験であることの3点が挙げられる。

なお"重大なネガティブ体験"が実際にどのような体験を示しているかについての基準や先行研究は筆者の知る限り存在していないため，本研究の研究1で明らかにすることとする。

倫理的配慮

本研究の調査実施にあたり，大学内の倫理委員会の承認を受けた。質問紙調査では，ネガティブな出来事を想起，記述，述懐することで精神的苦痛が生じる可能性を考慮し，以下の倫理的配慮を行った。まず，回答の前に，調査協力者に対して書面と口頭で外傷性記憶の基礎知識を説明し，調査協力者が外傷性記憶に該当する可能性がある場合，積極的に協力の拒否をして構わないことを説明した。次に回答は開示して差し支えない出来事で構わないことを説明し，調査終了後であっても調査実施者に連絡がつくことを伝え，精神的苦痛を受けた場合，相談機関への窓口となることの保証を行った。ここまでの説明を行った上で，調査協力に同意していただける方のみを調査協力者とした。また調査への協力は自由意思であり，調査協力者のプライバシーは保護されることを保証した。加えて同意後であっても，回答の回避，中止，撤回が出来ることを説明した。

調査・分析方法

質問紙調査は無記名の個別自記入式で実施した。配布・回収形式については以下の3つの方法をとった。1つ目は，大学の講義後の時間に筆者が依頼

した先生を通して，集合調査式で実施した。2つ目は，大学の体育会の団体・サークルに調査を依頼し，ミーティングの時間などを使って，集合調査式で実施した。3点目は，大学構内にて個別配布個別回収形式で実施した。いずれの方法においても回答依頼時に，文書と口頭で説明合意を得ており，謝礼は提示していない。

　得られたデータは，匿名性が保持されるよう，すべて入力時点で数値化し，分析を行った。なお年齢と性別以外に個人情報に関するデータは一切ない。データ解析は SPSS 及び Amos21.0を用いて行った。

第2節　本研究の構成

　本研究の構成は，前述した目的に適う形で構成した。第1章では，意味づけに関する先行研究のレビューを行い，これまでの研究成果をまとめるとともに，今後の課題や問題点について述べた。第2章では，本論文の目的と構成を述べ，研究意義について論じる。

　第3章から第7章までは，一般大学生を対象に実証的検討を行う。第3章では，研究1として重大なネガティブ体験の実態調査を行い，どのような出来事が，意味づけの対象となる"重大なネガティブ体験"と捉えられているのかを明らかにする。第4章では，意味づけの過程について同化と調節の観点から測定することができる尺度を開発する。研究2では面接調査を行い，重大なネガティブ体験の経験からの適応過程について検討するとともに，尺度の項目案を選定する。研究3では尺度を作成し，信頼性，妥当性の検討を行う。第5章では，同化と調節に影響を与える個人特性について検討し，重大なネガティブ体験を経験した際の同化または調節の行いやすさの個人差について明らかにする。研究4では，楽観性との関連を検討し，研究5では，自己開示動機，自己愛との関連を検討する。第6章では，同化と調節に影響を与える状況要因について検討し，重大なネガティブ体験を経験した状況に

よる同化または調節の行いやすさの違いについて明らかにする。研究6では，体験の質的側面に着目し，その後の人生への影響度，統制不可能感，心的外傷性ストレス症状の程度との関連を検討する。研究7では，感情的側面に着目し，ポジティブ・ネガティブ感情，無気力感の程度との関連を検討する。研究8では，ソーシャル・サポートに着目し，サポートの入手量やサポートを受けた際の感情との関連の検討を行う。第7章では，同化と調節が自己概念の変容に与える影響について検討し，同化と調節が持つ特徴や機能について明らかにする。研究9では，PTGと自我同一性の変容への影響を検討する。研究10では，自己概念と自己感情の変容への影響を検討する。

最終章では，本研究で得られた成果のまとめを行い，本研究の結論についてまとめる。そして本研究の限界と今後の展望について考察する。以上の構成を，Figure 2-1に示す。

第Ⅰ部　意味づけに関する理論的検討

第1章　意味づけに関する先行研究の概観
意味づけに関する理論モデル・意味づけ研究の動向・先行研究における問題の所在

第2章　本研究の目的・構成・意義

第Ⅱ部　意味づけに関する実証的検討

第3章　重大なネガティブ体験についての実態調査【研究1】

第4章　意味づけにおける同化・調節尺度の開発【研究2・3】

第5章　意味づけの過程に影響を与える個人特性の検討
楽観性【研究4】
自己開示動機・自己愛【研究5】

第6章　意味づけの過程に影響を与える状況要因の検討
体験の質【研究6】
生起された感情【研究7】
ソーシャル・サポート【研究8】

第7章　意味づけの過程が自己概念の変容に与える影響
PTG・自我同一性【研究9】　　自己概念・自己感情【研究10】

第Ⅲ部　総括

最終章　総合的考察
本研究のまとめ・結論と意義・限界と今後の展望

Figure 2-1　**本研究の構成**

第3節　研究意義

　意味づけは，あるストレスフルな状況に対して行うコーピングの一種として捉えることも可能で，意味づけをコーピングと全く別の概念として論じることは難しいと考えられる。しかし，これまで意味づけに関する先行研究を概観した筆者の理解では，以下の3点を意味づけの独自性と位置づけることが出来ると考えている。それは第一にコーピングの中でも，極めて高いストレス状況（喪失，災害，その他の重大なネガティブ体験）に対して適用される評価や対処に関する概念であること，第二にその評価や対処は一時的なものではなく，断続的に改定されていくものであること，第三に評価や対処だけではなく，その後の適応過程についても説明する，プロセス指向の概念であることである。以上のように，意味づけは十分独自性を持った理論，概念であり，それについて研究することは，これまでのコーピング研究やライフイベント研究の知見の精緻化や，これまで得られなかった視座の提供または知見の一般性の確証において貢献できると言える。

　特に意味づけの過程について研究することは，意味づけ研究において課題とされている意味づけの心理プロセスについて明らかにしようとするものであり，その学術的意義は大きい。また，意味づけはナラティブアプローチの視点から，カウンセリングや心理療法の過程においても重要視されており（White, 1995），そのプロセスやメカニズムを解明することによる臨床・教育的意義は大きいと考えられる。さらに意味づけの過程を明らかにすることは，重大なライフイベントの体験後の適応的なストレスコーピングを究明するものであり，精神的健康の回復，維持，増進に繋がる視点を提供しうる。従って，健康心理学的観点からも重要であると言える。加えて，重大なネガティブ体験は，人が生きていく中で必ずと言っていいほど経験されることであり，例えばリストラなど社会問題となる出来事も多いことから，意味づけについ

て知見や理論の精緻化を行い，重大なネガティブ体験を乗り越えていく際の有効な提言を示していくことが出来れば，社会的意義も大きい研究であると考えられる。

第Ⅱ部　意味づけに関する実証的検討

第3章
重大なネガティブ体験についての実態調査

　第3章では，一般大学生が考える重大なネガティブ体験について探索的に検討し，その実態を明らかにする。加えて重大なネガティブ体験と体験した際に生起する感情との関連を検討する。

第1節　重大なネガティブ体験についての実態調査【研究1】

問題と目的
　意味づけは，ストレスフルなライフイベントの中でも，重大なネガティブ体験への対処に特化した概念である。これまでの意味づけ研究では，理論的検討や質的検討に留まる研究は多いものの，例えば第1章で述べたように，疾病，災害，犯罪被害，トラウマ体験など様々なライフイベントを対象に検討が重ねられてきた。ある特定のライフイベントに限定することによって，当該領域における意味づけの過程の特徴やその機能を明らかにすることが出来るという意義はある。しかしながら，そのプロセスは対象とした体験の独自性が強調されている可能性も高く，知見の一般化は難しいという問題点も孕んでいる。
　一方，これまで，ライフコース研究やストレス研究によって，ストレスフルなライフイベントを抽出，測定する方法も数多く開発されてきた。ここでは代表的な手法について3点を挙げ，その特徴と問題点について述べる。1点目は，Holmes & Rahe（1967）による社会再適応評価尺度（Social Readjustment Rating Scales；SRRS）である。これはライフイベント型ストレス研究の中で，日常生活を大きく変えることになる生活事件（ライフイベント）を抽出

した，代表的な尺度の一つと言える。この尺度では，43項目の生活上何らかの変化をもたらす出来事が用いられており，"結婚"の50点を基準として，各項目には出来事の重大さに応じて重みづけ得点が与えられている。しかし，この尺度は患者のケースヒストリーを基にした，生活上の"変化"という観点からライフイベントを選定しており，個人の捉え方によっては，ポジティブな体験ともなりうるライフイベントが含まれている。従って，意味づけ研究がこれまで検討してきた"ネガティブな"体験について十分に同定しているとは言い難い。

　2点目は，ストレス研究の文脈から開発された様々なストレッサー尺度である。ストレス研究では，大学生を対象にした尺度（菊島，2002）もあれば，小学生や中学生を対象とした尺度（岡安・嶋田・丹羽・森・矢冨，1992；嶋田，1998）もあり，発達段階に応じたライフイベントの設定が行われている。また学業（神藤，1998）や対人ストレス（橋本，1997；高比良，1998）といったライフイベントの領域を限定した尺度も存在している。これらはポジティブなイベントとネガティブなイベントを分類しているため，ネガティブな体験の抽出は行うことが出来る。しかしながら，Lazarus & Folkman（1984）が心理学的ストレス理論で分類した，日常の慢性的な煩わしい出来事であるデイリーハッスル（Daily hassle）も多く含まれており，"重大な"体験について十分に同定しているとは言い難い。

　3点目は，飛鳥井・西園（1998）によるPTSD臨床診断面接尺度（Clinician-Administered PTSD Scale：CAPS）に付属するチェックリストである。この自己報告尺度は，自然災害や交通事故，意に反した性的体験など15種類の出来事の中から，直接の体験回数や最悪のストレスとなった出来事の種類について回答するものである。この尺度を用いることによって，重大で，かつネガティブな体験を抽出することが出来ると思われるが，2つの問題点がある。1つ目は，チェックリストには有害物質曝露や監禁など，生涯を通じてほぼ経験されないような出来事も含まれており，生活領域を幅広く捉えられ

ていないことが挙げられる。2つ目は，本尺度はPTSDの診断基準を基にライフイベントが選定されているが，意味づけの対象となるストレスフルなライフイベントは必ずしもPTSD症状を導くわけではない。意味づけ研究では，しばしば対象とする出来事をトラウマ体験（traumatic life event）と表記するが，宅（2010）は，これらはPTSDに繋がるような"トラウマ"以外のストレスフルなライフイベントも包括していることを指摘している。このようにCAPSのチェックリストを用いるだけでは，本研究で操作的に定義したような"重大なネガティブ体験"を十分に網羅できるとは言えない。

以上のように，意味づけ研究では，体験を限定することによって，知見の一般化が難しくなっており，ライフコース研究やストレス研究では，重大なネガティブ体験について十分に測定・選定できていないという問題点がある。つまり意味づけの対象となりうる"重大なネガティブ体験"にはどんなライフイベントがあるのかは未だ十分に捉えられていないと言える。

そこで，研究1では，同化と調節に関する実証的検討を行う前段階として，一般大学生を対象に実態調査を行い，どのようなライフイベントが重大なネガティブ体験と位置づけられるのかについて探索的に検討することを目的とする。重大なネガティブ体験とは"必ずしもトラウマ症状の生起，維持を前提とはしないものの，極めてストレスフルで，ネガティブな認知，感情，思考を伴う体験のこと"と定義した。調査は実際に体験したライフイベントと，もし経験するとしたら重大なネガティブ体験になると思われるライフイベントの2点について問うことで，幅広い体験を収集できるよう考慮した。

また，重大なネガティブ体験を経験することによって，人は様々な感情が生じることが推察される。感情の生起は，その後の意味づけにも影響を与えると言われていることから（Steger, Frazier, Oishi, & Kaler, 2006），重大なネガティブ体験と，その際に生起された感情との関連についても検討することとする。

本研究によって，意味づけの対象として適切で，実証的知見の蓄積に向け

て十分な対象者数を確保しうる，重大なネガティブ体験を抽出することができ，そうした体験を経験することによって，どのような感情が生起されるかを明らかにできると考えられる。

方　法

調査協力者

　調査協力者は，関東地方に所在する国立大学の学生94名（男性39名，女性55名，平均年齢20.44±2.01歳）であった。

調査時期

　2012年1～2月に無記名・個別記入形式の質問紙調査を実施した。

調査内容

　回答に際して"重大なネガティブ体験"とは，極めて大変で，ストレスであった体験のことを指し，主観的な判断で構わないことを示した。

1　実際に経験した重大なネガティブ体験

　これまでの人生で経験した重大なネガティブ体験について，自由記述によって回答を求めた。体験が複数ある場合は，複数回答を認めた（資料1，後掲193頁）。

2　重大なネガティブ体験を経験した際に生じた感情

　重大なネガティブ体験それぞれについて，経験した際に生じた感情を自由記述によって回答を求めた。1つの体験に対して複数の感情が生じた場合は，複数回答を認めた（資料2，後掲194頁）。

3 もし経験するとしたら重大なネガティブ体験になると思われるライフイベント

これまでの人生では経験していないが，今後，経験するとしたら重大なネガティブ体験になると思われる出来事について，自由記述によって回答を求めた。回答は複数回答を認めた。

これを設定した理由としては，大学生という調査対象では，年齢や経験上，未だ体験はしていないものの，重大なネガティブ体験になりうると認知している体験もあることが想定され，それらも幅広く網羅的に収集するという意図があったからである（資料3，後掲195頁）。

分析方法

本調査で得られた自由記述の回答は，心理学を専攻する大学生1名と臨床心理学を専攻する大学院生4名がKJ法の手続きを参考に分類，検討を行った。なお以下の記述では，いずれのカテゴリーにも含まれなかった回答は省略した。

結　果

実際に経験した重大なネガティブ体験の分類

自由記述で得られた215件の回答を，6の大カテゴリー，18の小カテゴリーに分類した（Table 3-1）。

"学業・進路"は82（38.1％）の回答が該当した。このカテゴリーは学業場面や進路に関する体験を表しており，"試験に落ちる"，"学校生活"，"勉強"，"就職活動"の4の小カテゴリーから形成されていた。

"人間関係"は66（30.7％）の回答が該当した。このカテゴリーは対人関係場面での体験を表しており，"失恋"，"友人関係の不和"，"家族関係の不和"，"離別"からなる4の小カテゴリーから形成されていた。

"部活動・スポーツ"は41（19.1％）の回答が該当した。このカテゴリーは

部活動やスポーツ場面での体験を表しており"試合・大会での敗戦","活動全般","コンディション"からなる3の小カテゴリーから形成されていた。

"喪失"は15（7.0％）の回答が該当した。このカテゴリーは重要な他者の喪失に関する体験を表しており，"近親者","友人","ペット"からなる3の小カテゴリーから形成されていた。

"災害"は7（3.3％）の回答が該当した。このカテゴリーは自然災害や交通災害に関する体験を表しており，"震災","火災","交通事故"からなる3の小カテゴリーから形成されていた。

"犯罪被害"は4（1.9％）の回答が該当した。このカテゴリーは犯罪被害にあった体験を表していた。

Table 3-1　実際に経験した重大なネガティブ体験の自由記述分類結果

大カテゴリー	出現率（％）	小カテゴリー	具体的項目例	反応数
学業・進路	38.1	試験に落ちる	第一志望の大学に落ちた	37
		学校生活	生徒会選挙で落ちた	31
		勉強	受験勉強	7
		就職活動	就職活動の失敗	7
人間関係	30.7	失恋	彼女に振られた	29
		友人関係の不和	友だちと大ゲンカ	22
		家族関係の不和	親の離婚	12
		離別	中学での転校	3
部活動・スポーツ	19.1	試合・大会での敗戦	全国大会出場を逃した	22
		活動全般	顧問が指導放棄	11
		コンディション	極度のスランプになった	8
喪失	7.0	近親者	祖父の他界	10
		友人	同級生が亡くなった	3
		ペット	飼い猫の死	2
災害	3.3	震災	東日本大震災	5
		火災	家が火事になった	1
		交通事故	交通事故にあった	1
犯罪被害	1.9		ストーカーされた	4

第3章 重大なネガティブ体験についての実態調査

重大なネガティブ体験を経験した際に生じた感情の分類

自由記述では，延べ306件の回答が得られた。その結果を Table 3-2に示す。

Table 3-2 重大なネガティブ体験を経験した際に生じた感情の分類結果

項目内容	出現率（％）
悲しい	21
悔しい	11
怒り	10
諦め	9
驚き	8
辛い	7
死にたい	5
苦しい	4
恐怖	3
無気力	3
落胆	2
情けない	2
前向き	2
寂しい	2
困惑	2
もどかしい	2
虚しい	2
憂うつ	1
不安	1
焦り	1
めんどくさい	1
恥ずかしい	1
見捨てられた	1

もし経験するとしたら重大なネガティブ体験になると思われるライフイベントの分類

自由記述で得られた191件の回答を，6の大カテゴリー，19の小カテゴリ

Table 3-3　もし経験するとしたら重大なネガティブ体験になると思われる出来事の自由記述分類結果

大カテゴリー	出現率(%)	小カテゴリー	具体的項目例	反応数
学業・仕事	37.2	試験に落ちる	入試に落ちること	12
		学校生活	大学留年した	17
		勉強	単位を落とす	16
		就職活動	就職が決まらない	19
		失職	仕事をクビになる	7
人間関係	24.6	失恋・離婚	恋人と別れること	20
		友人関係の不和	友人からのいじめ	17
		家族関係の不和	親の離婚	5
		離別	卒業して大切な人と別れる	5
部活動・スポーツ	4.7	試合・大会での敗戦	目標としている大会で負けること	4
		活動全般	レギュラーを取れない	4
		コンディション	今の競技をケガで断念すること	1
喪失	21.5	近親者	親が死ぬこと	25
		友人	知人の自殺	16
災害	7.9	震災	大地震が起きる	4
		火災	火事	3
		交通事故	交通事故に遭うこと	8
病気・ケガ	4.2	病気	大病を患うこと	5
		ケガ	大ケガをすること	3

ーに分類した（Table 3-3）。

　"学業・仕事"は71（37.2％）の回答が該当した。このカテゴリーは学業場面や仕事に関する体験を表しており，"試験に落ちる"，"学校生活"，"勉強"，"就職活動"，"失職"からなる5の小カテゴリーから形成されていた。

　"人間関係"は47（24.6％）の回答が該当した。このカテゴリーは対人関係場面での体験を表しており，"失恋・離婚"，"友人関係の不和"，"家族関係の不和"，"離別"からなる4の小カテゴリーから形成されていた。

　"部活動・スポーツ"は9（4.7％）の回答が該当した。このカテゴリーは部活動やスポーツ場面での体験を表しており，"試合・大会での敗戦"，"活動全般"，"コンディション"からなる3の小カテゴリーから形成されていた。

第 3 章　重大なネガティブ体験についての実態調査　　　　43

　"喪失"は41（21.5％）の回答が該当した。このカテゴリーは重要な他者の喪失に関する体験を表しており，"近親者"，"友人"からなる 2 の小カテゴリーから形成されていた。

　"災害"は15（7.9％）の回答が該当した。このカテゴリーは自然災害や交通災害に関する体験を表しており，"震災"，"火災"，"交通事故"からなる 3 の小カテゴリーから形成されていた。

　"病気・ケガ"は 8（4.2％）の回答が該当した。このカテゴリーは疾病に罹ることやケガをすることに関する体験を表しており，"病気"，"ケガ"からなる 2 の小カテゴリーから形成されていた。

実際に経験した重大なネガティブ体験と生じた感情との関連

　重大なネガティブ体験と感情との関連を検討するために，"実際に経験した重大なネガティブ体験"で大カテゴリーに分類した 6 種類の体験と，"重大なネガティブ体験を経験した際に生じた感情"で集計した23項目のうち出現率が 8 ％以上であった 5 項目を用いて，数量化Ⅲ類による分析を行った。各項目は，経験した体験または感情に"該当あり"を 1，"該当なし"を 0 とカテゴリー化した。

　合計11個のカテゴリーについて分析を行った結果，固有値は第 1 軸が.66，第 2 軸が.62となった。第 1 軸の固有値を横軸，第 2 軸の固有値を縦軸とした 2 次元上にカテゴリースコアを布置した（Figure 3-1）。結果の解釈可能性から，4 つのパターンが示唆された。1 つ目は，"部活動・スポーツ"と"悔しい"，"怒り"が含まれていた。2 つ目は"学業・進路"，"人間関係"と"悲しい"が含まれていた。3 つ目は"災害"と"諦め"が含まれていた。4 つ目は"喪失"と"驚き"が含まれていた。また"犯罪被害"はいずれにも含まれなかった。

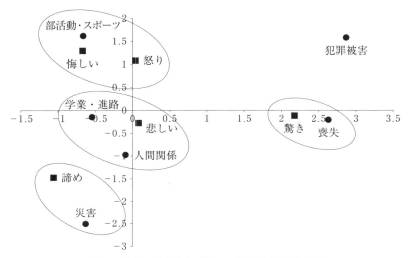

Figure 3-1　重大なネガティブ体験と感情の関連

考　察

　研究1では，どのようなライフイベントが重大なネガティブ体験と位置づけられるのかを探索的に検討し，重大なネガティブ体験と生起された感情の関連を検討した。

　重大なネガティブ体験の探索的検討に関しては，実際に経験した重大なネガティブ体験は"学業・進路"，"人間関係"，"部活動・スポーツ"，"喪失"，"災害"，"犯罪被害"からなる6の大カテゴリーが得られた。もし経験するとしたら重大なネガティブ体験になると思われる出来事は，"学業・進路"と類似したものとして"学業・仕事"が抽出され，"犯罪被害"は抽出されず，新たに"病気・ケガ"が抽出された。その他の4つの大カテゴリーは，小カテゴリーの内容に差異は見られるものの，同様のカテゴリーが抽出された。以上の結果を総合すると，"重大なネガティブ体験"には，"学業・進路(仕事)"，"人間関係"，"部活動・スポーツ"，"喪失"，"災害"，"犯罪被害"，"病気・ケガ"の7種類が挙げられることが示された。

本研究では，重大なネガティブ体験について，実際の体験と仮定の体験という2つの観点から問うことによって，幅広い体験を収集することが出来たと言える。重大なネガティブ体験と認知される領域というのは，人生において重要で関心の高いものを示していると考えることが出来る。従って，実際と仮定の体験の内容を検討または比較することによって，大学生という年代が経験または仮定する重大なネガティブ体験の特徴や傾向を捉えることが出来る。以下に，その特徴や傾向について4点考察を加える。

1点目は，実際と仮定のどちらの体験においても，"学業・進路（仕事）"，"人間関係"への回答は多いということである。これらはどちらも大学時代に限らず，あらゆる年代で経験しうる重要な領域であることが示唆されたと言える。

2点目は，実際の体験では"部活動・スポーツ"への回答は多く見られたものの，仮定の体験では回答が少ないということである。これは大学生までは部活動やスポーツが生活において重要な領域を占めている，もしくは占めていた者が多いため，そこでの失敗や挫折などは，重大なネガティブ体験として認知されやすかったものと思われる。一方で大学生以降の人生では，部活動やスポーツに打ち込む機会は少なくなると思われるので，重大なネガティブ体験としての回答が減少したものと思われる。

3点目は，実際の体験では"喪失"への回答は少ないものの，仮定の体験では多くの回答が見られているということである。喪失体験は，大学生年代までは，比較的，経験している者は少ないものの，重大なネガティブ体験として認知している者は多いということが示されたと言える。また仮定の体験では，"病気・ケガ"というカテゴリーが抽出されたように，年齢を重ねるに連れて，疾患，外傷，死といった健康問題は個人にとって人生における重要な領域を占め，高い関心を持つものとして認知されていると言える。

4点目は，実際の体験では"犯罪被害"のカテゴリーは抽出されたものの，仮定の体験では抽出されなかったということである。犯罪被害は，実際に経

験した場合は，重大なネガティブ体験として認知されるものの，経験がない場合は，重大なネガティブ体験として認知，想起，記述されにくいことが示された。これは大学生における犯罪被害に対する準備性の低さを示唆する結果と言えよう。

重大なネガティブ体験と生起された感情の関連に関しては，数量化Ⅲ類の結果，体験と感情について四つのパターンが示唆された。

"部活動・スポーツ"は"悔しい"，"怒り"という感情と関連があることが示された。部活動やスポーツは試合や大会での敗戦に代表されるように，目標や夢が中途で挫け折れることで悔しいという感情が深く関連するものと思われる。また試合や大会で敗戦した相手に対してや，そこで実力を発揮できなかった，または重大なミスを犯してしまった自身に対して，あるいは，スランプなどで何事もうまくいかない自身に対してなどに，強い怒りや憤りが生起されるものと思われる。

"学業・進路"，"人間関係"は"悲しい"という感情と関連があることが示された。本研究では"学業・進路"，"人間関係"への回答が多く，生起された感情に関しても"悲しい"が最も多かった。そのため両者を"該当あり"と回答される場合が多く，関連が見られたものと思われる。

"災害"は"諦め"という感情と関連があることが示された。災害は，大震災など統制不可能である場合も多いため，体験自体に対してはどうすることも出来ず，諦めといった感情が生起されるものと思われる。

"喪失"は"驚き"という感情と関連があることが示された。近親者や友人など重要な他者の喪失を体験することは，強い悲しみを伴うことが予測されるが，本研究の調査協力者である大学生という年代を考慮した場合，喪失は不慮の事故など，予期せぬものとして体験されている可能性も考えられ，驚きという感情と関連が見られたものと考えられる。

"犯罪被害"は本研究で用いた体験や感情とはいずれも関連が示されなかった。犯罪に巻き込まれるという経験は，他の重大なネガティブ体験とは性

第3章 重大なネガティブ体験についての実態調査　　47

質が異なることが示唆され，恐怖など別の感情が生起されている可能性が考えられる。先行研究では，犯罪被害（例えば，Creamer・Burgess, & Pattison, 1992; Koss & Figueredo, 2004など）を対象とした研究も見られているため，犯罪被害者の支援に意味づけ研究の知見を活かすためにも，"犯罪被害" という体験の特徴について今後更なる検討が必要であろう。

　最後に限界と今後の課題について2点述べる。1点目は，Boals, Steward & Schuettler (2010) が，重大なネガティブ体験において大切なのは "悪い体験" をしたかどうかではなく，中核的な信念や世界観を脅かすかどうかであると述べたように，その出来事を "どのように捉えたか" という視点も重要であるといえる。本研究では生起された感情については検討したが，体験に対する認知なども考慮して，意味づけの対象とする重大なネガティブ体験を選定していく必要があると考えられる。

　2点目は，本研究では一般大学生を対象に調査を行ったことで，大学生という年齢層における重大なネガティブ体験の特徴，傾向といったものが明らかとなった。そのため今後は，学童期，中年期，老年期など異なる年齢集団を対象に調査を行うことで，年代による重大なネガティブ体験の特徴や傾向を明らかにすることが出来ると考えられる。

研究1のまとめ

　研究1では，重大なネガティブ体験の実態調査を行い，重大なネガティブ体験と生起された感情の関連を検討した。その結果，本研究で対象とした一般大学生においては，重大なネガティブ体験は，"学業・進路（仕事）"，"人間関係"，"部活動・スポーツ"，"喪失"，"災害"，"犯罪被害"，"病気・ケガ" の7カテゴリーに分類できることが示唆された。これは意味づけ研究において曖昧であった，"重大なネガティブ体験" の領域や内容について，1つの基準を示すことが出来たと言える。また重大なネガティブ体験の内容によって，関連が強い感情があることが示唆された。

第4章
意味づけにおける同化・調節尺度の開発

　第4章では，面接調査（研究2）と質問紙調査（研究3）によって，"意味づけにおける同化・調節尺度"を開発し，信頼性と妥当性の検討を行う。

　研究2，3では，意味づけの過程について，同化と調節の観点から実証的な検討が可能になるよう，"意味づけにおける同化・調節尺度"を作成し，信頼性，妥当性を検討することを目的とする。

　これまで同化と調節に関しては，Folkman & Moskowitz（2000）が，調節を問題焦点型コーピングとして捉えており，Brandstadter（2002a）は，ストレスフルな出来事が重大であるほど調節を行うと指摘している。また調節のみがPTGを導くことや（Joseph & Linley, 2005），調節の方がwell-beingの増加や抑うつ傾向の低下をもたらすこと（Brandstadter, 2002b; Davis, Wortman, Lehman, & Silver, 2000），といった生成された意味やその後の適応との関連も指摘されている。しかしこれらの研究はいずれも仮説生成を目的とした理論的検討に留まっている。従って，意味づけの過程に関する実証的な研究が求められており（Payne, Joseph & Tudway, 2007），意味づけの過程を測定する尺度の開発が，仮説やモデルの検討を行うためには必要であると考えられる。

　そこで，研究2では面接調査を実施することにより，重大なネガティブ体験を経験した際にどのような認知・感情・行動的対処を行うかを探索的に検討するとともに，尺度作成に向けた項目案の収集を行うことを目的とする。研究3では，意味づけにおける同化・調節尺度の因子構造の検討と信頼性，妥当性の確認を行うことを目的とする。

　これまで，同化と調節の観点から意味づけの過程を測定する実用的な尺度

はなかったことから，本尺度の開発は，意味づけ研究において課題とされている意味づけの過程の解明に寄与することが出来るものと思われる。

第1節　重大なネガティブ体験の体験過程に関する面接調査【研究2】

問題と目的

　研究2の目的は2点からなる。1点目は，Park（2010）の統合的意味づけモデルを踏まえ，重大なネガティブ体験に対して，認知，感情，行動レベルでどのような対処，作業が行われているのか，その実態について検討することである。つまり，重大なネガティブ体験を経験してから現在に至るまで，時系列に沿って流れをまとめることで，重大なネガティブ体験の意味づけという現象全体の理解を目指す。2点目は，意味づけの過程において，同化と調節の観点に適合する記述をまとめ，意味づけにおける同化と調節に関する項目収集を行うことである。以上のように，重大なネガティブ体験の意味づけの具体的な様相や，そのプロセスについて，実例をもとに検討を加えることは，今後の量的または質的な実証研究を行う上で必要である。

　意味づけに関する研究では，Prati & Pietrantoni（2009）が対象とするストレスフルな出来事を分類，限定して検証する必要性を論じているが，出来事自体をポジティブもしくはネガティブと捉えるかは個人の認知によって異なることが考えられる（平尾・山本，2008）。その上で本研究では"挫折体験"を用いて検討することとする。その理由としては，本研究の実施時点で，研究1の実施が完了しておらず，7つの重大なネガティブ体験を選定し，対象とすることが出来なかったからである。なお，挫折体験を選定した理由としては2点ある。1点目は，挫折を経験することは，個人の思考や行動に少なからず影響を及ぼすことが言われているからである（神谷・伊藤，1999）。つまり，挫折体験は自己の変容をもたらす契機となりうる体験であると考えら

れ，その変容には意味づけの影響が含まれることが想定されるからである。2点目は，挫折は発達段階において多かれ少なかれ体験されていることが言われており（杉浦，1997），本研究の調査対象とする大学生においても，一度は体験したことがある可能性が高いと予測できるからである。

　挫折体験は，重大なネガティブ体験の一種に属すると考えられ，人が生きていく中で少なからず経験される出来事であり，かつ人生の転換点ともなりうるポジティブな側面も含んだ重要な出来事であるにも拘わらず，近年まで十分な知見の蓄積はなされてこなかった。これまで挫折体験に関連した研究は，心理学的理論に基づいた知見も存在するが，個人的な経験に基づいた私見や主張も多い。また，実証的な研究にいたっては，"挫折体験"として定義し，検証した研究は限られている。さらに，重大なネガティブ体験を経験した後の個人の変化に関する心理学的プロセスを示す有力な概念の一つである意味づけ研究の文脈でも，挫折体験を類推させる出来事を扱った研究はこれまで数多く見られるものの，"挫折体験"を意味づけの明確な対象として扱った研究はほとんどない。つまり挫折体験がもたらすポジティブな側面の存在は通説のごとく存在するものの，その内実は主張する個人の経験や感覚に委ねられている。従って，挫折を経験してから，どのように出来事を対処し，ポジティブな面を見出す，または発見するかについて，その意味づけのプロセスやメカニズムについて具体的に検討していくことが必要であると言える。挫折体験は北村（1983）の定義を参考に，"ある目的や目標，期待を持って行ったこと，続けてきたことが中途でくじけ折れ，強いネガティブ感情を伴う体験で，経験した個人が主観的に判断した体験"と定義した。

　なお今回の面接調査は，まずは調査協力者の体験を広く聴きとり，挫折体験に対する理解を深め，項目案の収集を行うことにも重点を置いているため，質的研究の分析方法は用いていない。

方　法
面接調査の概要

　大学生を対象に，これまでに経験した挫折体験の内容，および挫折体験に対する経験してから現在に至るまでの認知，感情，思考やそれらの変化について聴取するため，半構造化面接による一対一の面接調査を実施した。面接場所は，部外者が入室することがなく，調査協力者の個人情報漏洩のないよう配慮された。面接調査の所要時間は45分から１時間20分であった。

　本研究は，ネガティブな体験の想起，述懐を求めるものであるため，精神的苦痛への配慮が特に必要であると考えた。従って，面接を開始する前に以下の事柄について，書面と口頭で説明を行った。それは，(a)外傷性記憶についての基礎知識の説明，(b)外傷性記憶に関するチェックシートへの回答，(c)調査協力者が外傷性記憶に該当する可能性がある場合，積極的に回答拒否をして構わないことの説明，(d)ネガティブな出来事を想起し，それを開示することで精神的健康が高まるという研究知見（Pennebaker, Barger, & Tiebout, 1989）の紹介，(e)回答に関しては，開示しても差し支えない出来事で構わないことの保証，(f)調査終了後であっても，常時連絡がつくことを伝え，相談機関の窓口となることの保証であった。上記の説明を行った上で，調査への協力は自由意思に基づくものであり，参加の拒否による不利益は一切生じないこと，調査開始後も回答したくない内容についての拒否や，面接の中断あるいは回答の撤回が可能であること，個人情報は保護されることを明示し，保証した。そして同意が得られた場合のみ，同意書にサインを求め，面接を実施した。面接調査終了時にも，調査の目的や意義について再度詳細に説明し，上述した内容を再保証した。

　聴取した内容は許可を得た上で，ICレコーダーにて録音され，事後にテキストデータ化された。テキストデータ化された後は，録音データは消去された。面接調査のデータを保存したデータファイルはUSBメモリに保存の上，施錠可能な引き出しに保管し，インターネットに接続されているコンピ

第4章　意味づけにおける同化・調節尺度の開発

ューターのハードディスクにファイルを保存することはなかった。

調査協力者

　調査協力者は，関東地方に所在する国立大学の学生2年〜4年生までの計15名（男性10名，女性5名，平均年齢21.26±1.03歳）であった。

調査時期

　2010年8月から10月に実施した。

調査内容

　面接は自由度の高い半構造化面接を行い，できるだけ自然な会話形式でやりとりがなされるように努めた。対象者間での面接内容をある程度統一するために，調査の実施に先立ち，具体的な質問項目をまとめたリストを作成した。このリストは主に筆者自身の面接構造の整理，把握を助けるためのものとして用い，実際の面接場面では聞き逃しを避けるために用いた。また発話された内容について，より詳細な情報を得るために，リスト以外の質問も適宜用いた。具体的な質問内容については，以下の6点に関する質問を中心に構成した。

1　挫折体験の抽出

　主観的な体験を尊重するために，筆者から挫折体験の定義についての説明は行わず，"これまでを振り返り，あなた自身が経験した挫折体験だと思う出来事について教えてください"と尋ね，回答を求めた。調査協力者から抽出された体験について，体験した時期や内容に関する事実確認を行った。その際には，話せる範囲で構わないことを保証した。

2　挫折を経験した直後について

　挫折を経験した直後に，どのような感情，認知，思考，行動，対処があったのか回答を求めた。感情に関しては，"それを経験したときに，どんな気持ちになりましたか"といった質問を用いた。認知や思考に関しては，"それを経験したときに，どんなことを考えましたか，考えようとしましたか"といった質問を用いた。行動や対処に関しては，"それを経験したときに，どんな行動や対処をしましたか，しようとしましたか"といった質問を用いた。

3　挫折を経験した当時から現在までの変化について

　挫折を経験した当時から現在までの時間的空白を埋めるように，時系列に沿って，挫折体験を通した物事の見方や考え方の変化の有無について尋ねた。"現在に至るまでに，物事の見方や考え方が変わるような出来事がありましたか"，"現在のように思えるようになったのは，どのようなことが影響していると思いますか"といった質問を用いた。

　ここで得られた，"経験した当初から現在に至るまでの感情，認知，思考，対処のあり方，またはその変化"についての回答を，本研究では意味づけの過程とし，ここで得られた回答をもとに尺度の項目案を抽出した。

4　挫折体験に対する今現在の意味づけについて

　今現在，挫折体験に対して，どのような感情，認知，思考があるのか回答を求めた。感情に関しては，"今現在，その経験について，どんな気持ちでいますか"といった質問を用いた。認知や思考に関しては，"今現在，その経験について，どんなことを考えていますか"，"今現在，その経験が自分にとって，どんな経験だと思っていますか，考えていますか"，"挫折体験を通して，自身の中で何か変わったことはありますか"といった質問を用いた。

　ここで得られた"挫折体験とは，自分にとってどんな経験か"，"挫折体験

を経験した自身に対してどのように捉えているか，またはどのような変化があったか"についての問いに対する回答を，本研究では生成された意味とした。

5　類似経験の有無

今回，挫折体験として取り上げた出来事以外で，挫折体験と呼べる体験があるかどうかを尋ねた。"今回話していただいた挫折体験以外で，挫折体験と呼べる体験はありますか"，"今回話していただいた挫折体験と似たような気持ちや考えになった経験はありますか"といった質問を用いた。

6　挫折体験とは何か

調査協力者が考える挫折体験について回答を求めた。"あなたが考える挫折体験とはどんな体験のことを指しますか"といった質問を用いた。

結果と考察

挫折体験の内容

面接の協力者すべてが，何らかの挫折体験をこれまでに経験していた。内容を分類すると，部活に関する挫折体験をあげたのが10人（A，B，D，E，G，H，I，L，M，N）と最も多く，学業に関することが2人（C，J），就職活動や進路に関することが2人（F，O），恋愛が1人（K）であった。部活に関しては，現在もその種目を続けている人が6人（A，B，E，G，I，N），現在は続けていない人が4人（D，H，L，M）であった。経験した時期は，中学生の時が3人（D，K，M），高校生の時が8人（A，B，C，G，H，I，J，L），大学生の時が4人（E，F，N，O）であった（Table 4-1）。

今回の調査では，部活に関する挫折体験が多く報告された。この原因については2点考えられる。1点目は，サンプリングの問題である。本調査では現在に至るまでにスポーツ系の部活やサークルに所属している調査協力者が

Table 4-1 調査協力者の基本的属性と挫折体験の内容

ID	性別	年齢	学年(大学)	時期	内容
A	男	21	4年生	高校3年生	部活（球技a）を怪我のため途中で引退してしまった。
B	男	21	3年生	高校3年生	部活（球技a）の最後の大会で負けた。
C	女	21	4年生	高校3年生	内申点が足りず大学の推薦入試が受けられなかった。
D	男	21	4年生	中学3年生	部活（球技a）で最後にレギュラーを外された。
E	女	21	3年生	大学1年生	部活（個人競技a）でスランプに陥り，記録が伸びなくなった。
F	女	21	4年生	大学4年生	就職がなかなか決まらなかった。
G	男	20	3年生	高校2年生	部活（球技b）を途中で辞めた。
H	男	24	4年生	高校2年生	部活（個人競技b）の推薦で入学したが，結果が出なかった。
I	女	21	3年生	高校1年生	部活（球技b）でのスランプ。
J	男	23	4年生	高校3年生	大学受験の失敗。
K	男	20	2年生	中学2年生	告白して振られた。
L	男	21	3年生	高校3年生	部活（球技c）の最後の大会前に怪我をした。
M	女	22	4年生	中学3年生	部活（文化系）の最後の大会で結果が出なかった。
N	男	21	3年生	大学1年生	部活（球技a）に入部して，周りについていけなかった。
O	男	21	4年生	大学4年生	教育実習に行ったことで，教師になりたくないと思った。

多く，一方で学業において挫折体験に最もなりうる受験失敗を経験している調査協力者が少なかったため，相対的に部活動に関する挫折体験が多くなったことが考えられる。2点目は，他の領域に比べ，部活動やスポーツに関することは"挫折"として取り上げられやすいことが考えられる。これは，"失恋の方がショックだったかもしれないけど，挫折と言うにはちょっと違うような気もする"というCの発言からも窺われる。

挫折を経験した直後の反応

挫折を経験すると，感情，認知，行動それぞれにおいて，経験主体は多様

な反応を示していた。そこでここでは，以下の3つの観点から，挫折経験後の反応についてまとめた。これらは相互に独立しているのではなく，互いに関連しあっていることが想定されるが，本研究では，1つずつ結果をまとめた。

（a）挫折体験後の感情

挫折を体験した際に，最も多く経験された感情は，"悔しい"であり，9人の調査協力者から報告された（A，B，C，E，F，H，I，M，N）。他にもGやOは"虚しい"と感じたことを報告した。すべての調査協力者に共通しているのは，挫折経験後の感情は，一つに限定することは難しく，様々な感情が入り交じっているということであった。

そこでネガティブ感情について時系列に沿って変化を追っていくと，消失したと報告する調査協力者もいるが（B，C，D，F，K），必ずしもポジティブな感情に変容しているわけではなく，その程度は軽くなったものの，現在でも挫折体験時に感じたネガティブ感情は存在していると報告する調査協力者の方が多くいた（A，E，G，H，I，J，L，M，N，O）。そしてネガティブ感情の存在を報告したすべての調査協力者において，現在は気にならない程度ではあることも合わせて報告された。従って，多くの挫折体験はネガティブ感情が消失し，ポジティブに捉えられると指摘する神谷・伊藤（1999）もあるが，むしろ本調査からは，挫折体験で生じたネガティブ感情は消失するのではなく，それらを抱えたままでもいられるようになることが示唆された。

加えて，自身に対して，"情けない"，"不甲斐ない"と報告した調査協力者がいる一方で（B，E，F，H，I，J），他者に対して，"いら立ちを覚えた"，"嫉妬した"と報告した調査協力者もいた（G，K，L，M）。しかし自身に対する感情と他者に対する感情の両者を報告した調査協力者はいなかった。このことから体験の内容による違いとも考えられるが，次の（b）で述

べる外的・内的といった帰属の仕方によって，体験後の感情が規定されることが推察される。

（b）　挫折体験後の認知――帰属の仕方――
　挫折を経験した際の，認知，思考は主にその出来事に対する評価の側面を有していた。そこで，評価の中でも帰属様式に着目し，結果をまとめる。
　挫折体験を自身の実力の無さや努力不足といった内的基準に帰属していたのは9人であった（B，C，D，E，F，H，I，J，N）。主な発言例は，"もうちょっと出来たと思う。けど力を出し切れなかった"（B），"もっと努力していたらってのはある。努力の仕方を間違っていたのかな"（H）などである。一方で他者の影響や運の悪さといった外的基準に帰属していたのは6人であった（A，G，K，L，M，O）。主な発言例は，"自分が悪いとは思わない。周りに原因を求めている"（G），"これは運命的なもの。自分の努力ではどうしようもなかった"（L）などである。
　本調査からは，挫折体験は内的に帰属する人の方が多いという結果となった。挫折とは，体験するまでにある期待や目標などを持った上での個人の努力が重視される。従って，挫折を体験するとそれまでの自身の行為を顧みて，内的に帰属する傾向が強くなることが考えられる。

（c）　挫折体験後の行動・対処
　調査協力者の回答で最も特徴的であったのが，挫折を体験してから，他者に対して相談をするかしないかであった。そこで，挫折体験後の行動や対処について，他者との関わりに着目し，結果をまとめる。
　自身の体験について友人などに話し，体験を共有することで"楽になった"（K）と自覚した調査協力者もいるものの，他者に話さないという対処を取る調査協力者もいた。その理由としては，"友達とかに慰められるのが嫌だった"（C）や"その出来事自体を考えたくなかった，忘れたかった

ら話さなかった"（M）などがあった。部活での挫折を報告したEは"負けず嫌いなので弱気な姿を見せたくなかった。だから部活の人には話したくなかった。でも部活以外の友達には話した。そしたら真剣に聞いてくれて落ち着いた"と語り，他者に話す場合でも，相手を選んでいる様子がうかがわれた。

　これまでストレスフルな出来事を経験した際には，ソーシャルサポートの重要性と有効性が示唆されてきた（例えば，福岡，2008）。しかし本調査から明らかとなったのは，挫折を体験した個人は"話したくない"，"話したくても話せない"と感じる場合もあるということである。他者に相談した調査協力者は一様にその有効性について述べたが，ソーシャルサポートの有効性を提言する前に，人はどのような動機や目的であれば，他者に対して自身の体験を開示しようと思うのか，または開示できるのかについて検討する必要があると思われる。

意味づけの過程
　本研究では，挫折体験について出来るだけ調査協力者が自然な形で語ることができるように，同化と調節に関する説明は特に行わなかった。しかし，それでは，調査協力者の回答が同化に当てはまるのか調節に当てはまるのか不明確である。従って筆者は1つの基準を持って調査協力者の回答を分類した。それは"挫折体験を経験したことで，物事の見方や考え方に変化があったかどうか"である。これは同化と調節という概念の違いの重要なポイントとして，物事の見方，考え方の変化の有無があると考えるからである。物事の見方，考え方の変化がないと回答した調査協力者に対しては理由や挫折体験に対する対処の仕方について，あると回答した調査協力者に対しても理由や挫折体験に対する対処に仕方について，それぞれ回答を求めた。そして，本研究では，前者を同化に関する記述，後者を調節に関する記述と捉え，尺度の項目案として抽出しようと試みた。

（a） 同化

　物事の見方，考え方の変化がないと回答した調査協力者の発言を以下にまとめる。理由に関しては，"原因というか理由がすんなり見つかったんで"（B），"その時は落ち込んだけど，仕方ないって思えたからかな"（C），"そのことについて考えないようにしたから。無理にってより自然と出来た"（M）などがあった。対処の仕方に関しては，"別に深く考え込んだりはしなかった"（F），"特に何も"（D），"すぐに切り替えられた"（C）などがあった。

　これらの発言を踏まえて，同化に関する発言では，早期の原因発見と非関与的な対処様式があると考え，以下の4項目を考案した。それは，"私は，すぐにその経験が持つ意味に気づくだろう"，"その経験が持つ意味を理解するのに時間はかからないだろう"，"その経験が持つ意味についてすぐに原因（理由）を見つけられるだろう"，"その経験に対して，深く考え込むことはないであろう"である。

（b） 調節

　物事の見方，考え方の変化があると回答した調査協力者の発言を以下にまとめる。理由に関しては，"自分のこれまでの考え方を改める必要があると感じた"（O），"色んなことを含めて自分自身を見直す機会だったから"（E），"この経験を通して客観的に自分を見れたので"（J）などがあった。対処の仕方に関しては，"自分の視野を広げようとした"（N），"これまでにない考え方は出来ないかと考えた"（A），"色んな可能性を模索した"（L）などがあった。

　これらの発言を踏まえて，調節に関する発言では，新たな視点の必要性の認知と体験に対する積極的な関与があると考え，以下の4項目を考案した。それは，"自分の視野を広げることが，その経験の持つ意味を理解するのには必要である"，"その経験を理解するには，これまでにない考え方や物事の

見方をする必要がある"，"これまでの考え方を改める必要があると感じている"，"自身の物事の見方や考え方を見直す必要があると感じている"である。

生成された意味

　出来事全体について肯定的に捉えていたり，自己の肯定的な変化を報告したものをポジティブな生成された意味を，反対に出来事全体について否定的に捉えていたり，自己の否定的な変化を報告したものをネガティブな生成された意味を獲得したものとして回答を概観すると，ポジティブな生成された意味のみを報告した調査協力者は5名（C, E, I, J, O），ポジティブ，ネガティブ両側面の生成された意味を報告した調査協力者は8名（A, B, D, F, G, H, M, N），ネガティブな生成された意味のみを報告した調査協力者は2名（K, L）であった。ポジティブな生成された意味の主な発言例は，"今しかできないことを一生懸命にやろうと思えた経験だった"（A），"色んなことに興味をもつことができるようになった"（E），"しっかり自分を見つめる機会になった。自分が本当は何がしたいのか，立ち止まる機会となった"（O）などである。ネガティブな生成された意味の主な発言例は，"努力しても100％うまくいくとは限らない"（H），"自分の限界を知った"（K），"体験と今の自分がつながらない。今の自分があるのは，あの時のおかげだとは思わない"（L）などである。得られた回答をまとめると，ネガティブな生成された意味よりもポジティブな生成された意味の方が多く得られた。

　Park（2004）が異なる尺度によって同定される因子が様々であると，生成された意味の多様性について指摘しているように，本調査で得られた回答も，多様で個人差が大きかった。本調査で得られた発言を1つ1つ取り上げていくだけでも，その数は膨大になることが予測される。従って，何をもって生成された意味とするかは，それを研究する研究者の視点，切り口が肝要であると思われる。

他の挫折体験との関連

　本調査内で詳細に語られた体験以外で，挫折した経験があるか問うと，15名中7名の調査協力者が"ある"と回答した。そのうち本調査で語られた挫折体験以前に経験したと回答したのは3名（A，J，N）で，以後に経験したと回答したのは4名であった（E，H，K，M）。すべての回答者において，先行する挫折体験がその後に経験された挫折体験にポジティブな影響を与えていると語った。特に語られたのは，先行する挫折体験によって得られた物事の考え方を，後の挫折体験でも活かすことが出来たといったものであった。主な発言例は，"1つ目の挫折で，挫折とはこういうものだと経験で分かっていたので，2つ目はうまく乗り越えられた"（E），"挫折したからと言って諦めない。努力すれば結果が付いてくると初めて強く感じたのは中学の時（1度目の挫折）。そう考えられるようになったことが大学受験（2度目の挫折）の時に確実に活きた"（J）などである。なお3名については，同じ領域（恋愛と恋愛：Kなど）での挫折体験であったが，4名に関しては全く異なる領域（部活と勉強：Hなど）での挫折体験であった。

　一方で，他に挫折体験を経験したことが"ない"と回答したのは，8名であった。チーム競技の部活での挫折体験を話したDは"それからは，むしろ挫折になりそうな事態を避けていた。そもそも（球技Aをする）機会がなかったが，集団での活動を避けるようになった"と挫折体験によるネガティブな影響について語った。また"他，挫折していないんで，これから来たら大丈夫かなと思う。知らなかったら得体の知れない怖いものと思う。今回の（挫折体験）があるんで，若干イメージはできるけど。イメージできたほうが落ち着く"（I）と，今後経験するかもしれない挫折体験に対する不安を語る調査協力者もいた。

"挫折体験"を規定する要因

　調査協力者に対し，挫折体験とはどんな体験のことを指すと思うか問うと，

ほぼ全員に関して最初に語られるのは，"感情的な落ち込みについて"であった。生じる感情の内容については，辛い，悲しい，悔しいなど様々であるが，挫折体験とは経験したときに何らかの強いネガティブ感情が生じるものとして認識されていることがうかがわれた。主な発言例は，"すごく落ち込んだこと"（J），"悩むこと"（E），"打ちのめされる感じ"（H），"悔しい思い，諦めてしまう，折れてしまう経験"（O）などである。

　他にも挫折体験を規定する状況要因については主に2つの回答が得られた。1点目は，"その出来事が持つ重要性"であった。重要性とは，挫折の原因となる出来事が自身の人生においてどれほど重要であったかどうか，ということを指している。主な発言例は，"それに懸けているってのが大事だと思う"（B），"挫折体験は自分がどれだけ頑張ったかってことが大切"（C），"目的や目標，その事自体が重要であること"（D）などがある。2点目は"挫折の予測可能性"である。予測可能性とは，事前にその出来事が起こることを予測できたかどうか，ということを指しており，予測できていない場合ほど挫折体験になりやすいと考えられる。それには期待や確信の有無や程度が関係していることが得られた発言内容からうかがわれた。主な発言例は，"周りからの評価とかもあって大丈夫って思っていたことに失敗すること"（F），"やるまでは，いけるだろうと思っていたのにダメになる"（H）などがある。

　一方で，挫折体験に対するポジティブな見方をしている調査協力者も見られた。主な発言例は，"苦しいことが起こるけど，自分を見直したり今後を考えられるきっかけ"（E），"挫折体験は，必要だったことだと思える体験"（C），などがある。

　本調査から，挫折体験を規定する要素として"感情的な落ち込み"，"その出来事が持つ重要性"，"挫折の予測可能性"の3つが示唆された。

研究2のまとめ

　本研究で，挫折体験に関して幅広く聴取したことによって，挫折体験後の感情的な落ち込み，挫折体験に対する認知，その後の対処行動，意味づけの過程，生成された意味といった様々なことが現象として示唆された。しかし本研究は，質的研究の分析方法を用いていないため，理論モデル化に向けては，今後さらなる精査が必要となるであろう。

　また，本研究を通して，同化と調節に関して以下の計8項目の項目案を作成することが出来た。同化に関しては，"私は，すぐにその経験が持つ意味に気づくだろう"，"その経験が持つ意味を理解するのに時間はかからないだろう"，"その経験が持つ意味についてすぐに原因（理由）を見つけられるだろう"，"その経験に対して，深く考え込むことはないであろう"の4項目である。調節に関しては，"自分の視野を広げることが，その経験の持つ意味を理解するのには必要である"，"その経験を理解するには，これまでにない考え方や物事の見方をする必要がある"，"これまでの考え方を改める必要があると感じている"，"自身の物事の見方や考え方を見直す必要があると感じている"の4項目である。これらを研究3で開発する尺度の項目の一部とする。

　最後に本研究で挫折体験の意味づけについて探索的な検討を行うことによって，挫折体験の現象理解と項目案の作成の他に，今後の研究に向けた課題を2点得ることが出来た。

　1点目は，本研究では重大なネガティブ体験を経験した後は，ソーシャル・サポートを得ることが有効であるという従来の知見に対し，ソーシャル・サポートを得ようと思わない，または得られない者が少なからず存在することが明らかとなった。こうした者はどう対処していけば良いのか，またはどのようにすればソーシャル・サポートを得られるようになるのかを検討することは，ソーシャル・サポートの有効性を論じるためにも求められる。一方で，ソーシャル・サポートを得ることによる意味づけへの影響に関して

第4章　意味づけにおける同化・調節尺度の開発

は研究8で検討する。

　加えて，今回は挫折を体験してから現在に至るまでを筆者の切り口によって，別々に結果をまとめる形をとったが，それぞれの繋がりについては，論じることが出来ていない。中でも意味づけの過程と生成された意味に関しては，両者を構成する要素については本研究で一部明らかになったので，今後は，どのような意味づけの過程を経ることで，どのように生成された意味の獲得がなされるのか，その繋がりについて検討していくことが求められる。この点については，研究9，10で検討する。

第2節　意味づけにおける同化・調節尺度の作成と信頼性・妥当性の検討【研究3】

問題と目的

　研究3では，研究2の知見を踏まえ，意味づけの過程について同化と調節の観点から実証的検討を可能にする"意味づけにおける同化・調節尺度"を作成し，信頼性，妥当性を確認することを目的とする。信頼性としては内的整合性を確認する。妥当性としては他の既存の尺度との関連を検討することによって構成概念妥当性を確認する。妥当性の検討に採用した概念は，認知的熟慮性とコーピングである。

　また，研究2と同様の理由で，研究3でも重大なネガティブ体験として挫折体験を取り扱うこととする。

　本調査の目的を達成するために，以下の3つの仮説を設定した。

　仮説1：調節は自身の物事の見方や考え方の修正をしていくので，挫折体験に対して特に時間をかけて関わっていくと考えられる。従って調節は認知的熟慮性と正の相関がある。

　仮説2：Folkman & Moskowitz（2000）は調節を問題焦点型コーピングとして捉えているので，両者には正の相関がある。

仮説3：Brandstadter（2002a）は，ストレスフルな出来事が重大であるほど調節を行うと指摘していることから，挫折体験を重大であると認知するほど調節を多く行う。一方で重大ではないと捉えられるほど同化を多く行う。

方　法

調査協力者

調査協力者は，関東地方に所在する国立・私立大学の学生295名（男性135名，女性157名，不明3名，平均年齢19.94±1.51歳）であった。

調査時期

2010年11月に実施した。

調査内容

1　挫折体験

これまでに経験した挫折体験を抽出するために，挫折体験を問う教示文と挫折体験の例を提示した。教示は"これからあなたが今までに経験した挫折体験についてお聞きします。挫折体験とは，ある目的や目標，期待を持って行ったこと，続けてきたことが中途でくじけ折れ，とてもネガティブな気持ちになる体験，を言います。これはあくまで主観的な体験ですので，他の人と比べたり，他の人がどう思うかを気にする必要はありません"であった。本研究で用いる挫折体験の定義を回答者が理解しやすいように，"ネガティブ感情"を"ネガティブな気持ち"という表現に改めた。また挫折体験の例として，"努力の結果（第一志望の大学に受験し失敗した，など）"，"初めての失敗（告白して初めて振られた，など）"，"あきらめ（怪我をしてずっと続けてきたスポーツをあきらめた，など）"を提示した（資料4，後掲196頁）。

問1-1では，今までに経験した"一番大きな挫折体験"の回答を求めた。教示は"あなたにとっての，一番大きな挫折体験を思い浮かべてください。

その体験が最もよく当てはまる領域を下の1～4から1つ選んで○をつけてください。挫折体験をしたことがないという人は，下の1～4の領域において，最も辛かったと思う出来事に1つ○をつけてください"であった。回答に示した挫折体験の内容は，研究1で抽出された結果と神谷・伊藤（1999）を参考に，"学業のこと（受験や学校でのテストなど）"，"人間関係のこと（恋愛，友人関係など）"，"継続してきたこと（スポーツ，部活動，習い事，自分の夢）"，"その他"という領域を用い，選択式で回答を求めた。選択された挫折体験は順に81名（27.5％），100名（33.9％），99名（33.6％），15名（5.1％）であった。なお挫折体験の具体的な内容については，調査協力者に心理的負担，不快感を追わせると判断したため，回答は求めなかった。

問1-2では，その挫折体験を経験してから，何年何カ月経過しているか回答を求めた。教示は"その出来事を経験したのはいつですか"であった。その結果，範囲は0カ月から204カ月であった。

問1-3では，挫折体験を経験しての主観的な辛さと，その経験の人生における重要度について回答を求めた。教示は"その出来事を経験しての辛さと，人生におけるその出来事の重要度はどれくらいでしたか。最もよく当てはまるものを1つ選び，○をつけてください"であり，5件法で回答を求めた。

問1-4では，その挫折体験の予測不可能性について回答を求めた。教示は"あなたはその出来事が起きることを，事前に予測することができましたか。当てはまるものを1つ選び○をつけてください"であり，5件法で回答を求めた。得点が高い程，予測が不可能であったことを表している。

2　意味づけにおける同化・調節尺度（暫定版）

ある重大なネガティブ体験を経験したときに，自身の持つ物事の見方や考え方と照らし合わせ，どのように評価し，どのように対処していこうとするかといった志向性や対処方略について，同化と調節という2つの観点から測定する尺度である。項目の選定に際して，以下の3つの方法により，全21項

目の暫定版を作成した（Table 4-2）。(a)研究2で作成した8項目を用いた。(b) King & Hicks (2009) で用いられている質問項目を参考に同化4項目，調節3項目の計7項目を作成した。(c)島井・大竹 (2005) が作成した日本版"人生の意味"尺度を参考に同化3項目，調節3項目の計6項目を作成した。この尺度の原版となる MLQ (Meaning in Life Questionnaire: Steger et al., 2006)

Table 4-2 意味づけにおける同化・調節尺度（暫定版）の項目

1	その経験は，私がこれまで持っていた物事の見方，考え方を通して理解することが出来るだろう[b]
2	これまでの考え方を改める必要があると感じている[a]
3	その経験が意味することは私が持つ物事の見方，考え方に合致している[b]
4	自分の視野を広げることが，その経験の持つ意味を理解するのには必要である[a]
5	私は，その経験の持つ意味を理解している[c]
6	私は，その経験を有意義にする何かを見つけようと思っている[c]
7	その経験が持つ意味についてすぐに原因（理由）を見つけられるだろう[a]
8	私はその経験の持つ意味を何とかして理解しようとしている[b]
9	私は，すぐにその経験が持つ意味に気づくだろう[a]
10	その経験を理解することは難しいと感じている[b]
11	その経験に対して，深く考えこむことはないであろう[a]
12	私は，その経験が持つ意味を見つけようと思っている[c]
13	その経験は，私が持っている物事の見方や考え方をより強化するだろう[b]
14	その経験を理解するには，これまでにはない考え方や物事の見方をする必要がある[a]
15	その経験は有意義なものであると十分に感じている[c]
16	私はその経験を理解しようと努力しようと思う[b]
17	私は，その経験が持つ意味を見出している[c]
18	私は，その経験を有意義にする何かを探している[c]
19	その経験が持つ意味を理解するのに時間はかからないだろう[a]
20	自身の物事の見方や考え方を見直す必要があると感じている[a]
21	その経験を理解するのに，私の持つ物事の見方，考え方を利用することが出来るだろう[b]

[a] 研究2から作成された項目
[b] King & Hicks (2009) を参考に作成された項目
[c] 島井・大竹 (2005) を参考に作成された項目

は，人生の意味づけについて同化と調節の観点から回答を求めた尺度であると言われている（King & Hicks, 2009）。21項目を作成した後に，再度，臨床心理学を専攻する大学教員2名，大学院生4名で内容的妥当性の検討を行った。回答は，現在の考えではなく，経験した当初の考えを問うものであった。従って"あなたがあげた挫折体験を経験した当初に，以下のようなことをどれくらい考えましたか。当時の考えを振り返り，出来事を経験した当初のあなたの考えとして，最も当てはまるものを1つ選んで〇をつけてください"と教示した。質問項目は，"1．当てはまらない"，"2．あまり当てはまらない"，"3．どちらとも言えない"，"4．少し当てはまる"，"5．かなり当てはまる"の5件法で回答を求めた（資料5，後掲197頁）。

意味づけにおける同化・調節尺度暫定版の項目内容と選定手順

意味づけにおける同化・調節尺度暫定版の項目内容と選定の手順について以下に詳述する。

（a） 研究2を基にした項目選定

1点目は，研究2で得られた回答をもとに作成した。同化に関する項目は，"私は，すぐにその経験が持つ意味に気づくだろう"，"その経験が持つ意味を理解するのに時間はかからないだろう"，"その経験が持つ意味についてすぐに原因（理由）を見つけられるだろう"，"その経験に対して，深く考え込むことはないであろう"の4項目であった。調節に関する項目は，"自分の視野を広げることが，その経験の持つ意味を理解するのには必要である"，"その経験を理解するには，これまでにない考え方や物事の見方をする必要がある"，"これまでの考え方を改める必要があると感じている"，"自身の物事の見方や考え方を見直す必要があると感じている"の4項目であった。

（b） King and Hicks（2009）を基にした項目選定

2点目は，King & Hicks（2009）の研究で用いられている detecting meaning（検索的意味づけ）と constructing meaning（構築的意味づけ）という概念を参考に項目を作成した。detecting meaning とは，新しい出来事をあらかじめ存在している仮定世界と同化することと言われている（Block, 1982; King & Hicks, 2006）。一方で，constructing meaning とは，出来事を経験したときに仮定世界が打ち破られ，意味システムを改訂する必要に迫られることであり（Janoff-Bulman, 1992），このタイプの意味づけは調節としての役割を果たすことが指摘されている（Block, 1982; Brandstadter, 2002b）。

King & Hicks（2009）の研究では，detecting meaning と constructing meaning について問う質問項目が6項目用いられており，それらを参考に作成する尺度の項目案を作成した。なお項目案については教示文に対応させるために，すべて現在形を採用した。まず detecting meaning に関する質問項目は2項目あり，1つ目の "The experience reinforced what I know about humanity." は "その経験は，私が持っている物事の見方や考え方をより強化するだろう" とした。2つ目の "The experience fit well into what I know about the world and people." は "その経験は，私が持っている物事の見方や考え方に合致している" とした。またこれらを参考に，"その経験は，私が持つ物事の見方，考え方を通して理解することが出来るだろう"，"その経験を理解するのに，私の持つ物事の見方，考え方を利用することが出来るだろう" という2項目を新たに作成した。なお humanity には，"人類，人間性" といった意味が，the world and people には，"世界，人間" といった意味があるが，回答者が理解しやすいように "物事の見方や考え方" という表記に統一した。次に constructing meaning に関する質問項目は4つあり，1つ目の "I struggled to make sense of the experience." は "私はその経験が持つ意味を何とかして理解しようとしている" とした。2つ目の "It was difficult to make sense of the experience." は "その経験を

理解することは難しいと感じている"とした。3つ目の"I thought about it a lot trying to understand what I experienced."は"私はその経験を理解しようと努力しようと思う"とした。4つ目の"The experience was hard to understand and did not fit with anything I have experienced before."については，1つの質問の中に"その経験を理解することは難しかった"と"私が以前に経験したすべてのことと一致していなかった"という2つの内容が含まれているダブルバーレル項目であるため，本研究においては採用しなかった。

　上記をまとめると，King & Hicks（2009）の研究をもとに，"その経験は，私が持っている物事の見方や考え方をより強化するだろう"，"その経験は，私が持っている物事の見方や考え方に合致している"，"その経験は，私が持つ物事の見方，考え方を通して理解することが出来るだろう"，"その経験を理解するのに，私の持つ物事の見方，考え方を利用することが出来るだろう"，"私はその経験が持つ意味を何とかして理解しようとしている"，"その経験を理解することは難しいと感じている"，"私はその経験を理解しようと努力しようと思う"の計7項目を作成した。

（c） 島井・大竹（2005）を基にした項目選定

　3点目は，島井・大竹（2005）が開発した日本版"人生の意味"尺度を参考に項目を作成した。この尺度は，Frazier, Oishi, & Steger（2003）によって開発された The Meaning in Life Questionnaire（MLQ）の日本語版である。MLQ では，現在の人生に対する意味づけについて測定している（Steger, et al, 2006; Steger, Kashdan, Sullivan, & Lorentz, 2008）。MLQ を構成するのは，人生の意味をすでに見出している"意味の保有（presence of meaning）"と人生の意味を探しているという"意味の探求（search for meaning）"の2つの要素からなり，同化と調節と類似した構成概念であることが King & Hicks（2009）によって指摘されている。

日本版"人生の意味"尺度は，10項目から構成されており，それらを参考に作成する尺度の項目案を作成した。項目案作成に際しては，"人生"という記述を"その出来事"と置き換えて改変した。まず同化に対応する"意味の保有"因子の項目については，"私は自分の人生の意味を理解している"は"私は，その経験の持つ意味を理解している"とした。"自分の人生が有意義なものであると十分に感じている"は"その経験は有意義なものであると十分に感じている"とした。"私は充実した人生の目標を見出している"は"私は，その経験が持つ意味を見出している"とした。"私の人生にははっきりとした目的がある"と"私の人生にはっきりとした目標はない（逆転項目）"の2項目については採用しなかった。次に調節に対応する"意味の探求"因子の項目については，"私は人生を有意義なものにする何かを見つけたいと思っている"は"私は，その経験を有意義にする何かを見つけようと思っている"とした。"いつも人生の意味を見つけたいと思っている"と"私は自分の人生の意味を見つけようとしている"は"私は，その経験が持つ意味を見つけようと思っている"とした。"私はいつも自分の人生を有意義にする何かを探している"は"私は，その経験を有意義にする何かを探している"とした。"私は自分の人生の意味の目的や目標を探している"については採用しなかった。

上記をまとめると，島井・大竹（2005）の日本版"人生の意味"尺度をもとに，"私は，その経験の持つ意味を理解している"，"その経験は有意義なものであると十分に感じている"，"私は，その経験が持つ意味を見出している"，"私は，その経験を有意義にする何かを見つけようと思っている"，"私は，その経験が持つ意味を見つけようと思っている"，"私は，その経験を有意義にする何かを探している"の計6項目を作成した。

以上の3つの観点から抽出された21項目を"意味づけにおける同化・調節尺度暫定版"とした。

3 熟慮性

挫折体験に対して，時間をかけて積極的に関わっていったかどうかを測定するものとして，滝聞・坂本（1991）の認知的熟慮性－衝動性尺度を用いた。原版では日常的な事柄について判断をする際の熟慮性について評定を求めているが，本調査では回答した挫折体験に対する熟慮性について評定を求めるため，教示を一部改変した。1因子構造が確認されており，合計得点を尺度得点（$Mean=27.49$, $SD=5.57$, $\alpha=.85$）とし，尺度得点が高いほど，認知的熟慮性が高いと判断した。全10項目からなり，4件法で回答を求めた。

4 コーピング

挫折体験に対してどのような対処方略を用いたかを測定するものとして，尾関（1993）のコーピング尺度を用いた。原版では"現在最も強くストレスを感じていること"をあげさせるが，本調査では回答した挫折体験に対しての対処について評定を求めた。仮説2では，問題焦点型コーピングのみについて言及したが，同化と調節の特徴について探索的に検討するために，情動焦点型コーピング，回避・逃避型コーピングについても測定した。全14項目からなり，4件法で回答を求めた。因子に相当する項目の平均値を算出し，問題焦点型下位尺度得点（$Mean=12.40$, $SD=2.82$, $\alpha=.57$），情動焦点型下位尺度得点（$Mean=8.06$, $SD=2.10$, $\alpha=.59$），回避・逃避型下位尺度得点（$Mean=15.18$, $SD=3.34$, $\alpha=.67$）とした。

結　果

因子構造の検討

まず，意味づけにおける同化・調節尺度21項目の平均値と標準偏差を算出した。その結果，すべての項目において各項目の平均±1SDが得点圏(1-5)におさまっており，天井効果および床効果は見られなかった。次に21項目に対して最尤法・Promax回転による因子分析を行った。因子数は仮説

に基づいて2に固定したが，それぞれの因子は解釈が可能で，2因子が妥当であると判断された。因子負荷量が.40に満たない項目と両方の因子に対して高い因子負荷量を示した項目の計7項目を削除した。その結果，14項目で2因子構造を持つ意味づけにおける同化・調節尺度が作成された（Table 4-3）。累積寄与率は49.91％であった。

第1因子は7項目で構成されており，"私はその経験の持つ意味を見つけようと思っている"，"これまでの考え方を改める必要があると感じている"など，意識的，意図的な対処を通した自身の物事の見方や考え方の修正を表している項目が高い負荷量を示した。そこで"調節"因子と命名した。第2

Table 4-3 意味づけにおける同化・調節尺度の因子分析結果（最尤法・Promax 回転）

	項目内容	F1	F2	共通性
〈第1因子：調節（α = .83）〉				
12	私は，その経験が持つ意味を見つけようと思っている	.78	-.04	.59
8	私はその経験の持つ意味を何とかして理解しようとしている	.74	-.07	.51
16	私はその経験を理解しようと努力しようと思う	.73	.01	.54
18	私は，その経験を有意義にする何かを探している	.70	.06	.52
4	自分の視野を広げることが，その経験の意味を理解するのには必要である	.59	.01	.35
20	自身の物事の見方や考え方を見直す必要があると感じている	.56	.06	.34
2	これまでの考え方を改める必要があると感じている	.41	.03	.17
〈第2因子：同化（α = .81）〉				
19	その経験が持つ意味を理解するのに時間はかからないだろう	-.19	.80	.57
9	私は，すぐにその経験が持つ意味に気づくだろう	.02	.76	.58
7	その経験が持つ意味についてすぐに原因（理由）を見つけられるだろう	-.13	.72	.47
17	私は，その経験が持つ意味を見出している	.19	.65	.55
21	その経験を理解するのに，私の持つ物事の見方，考え方を利用することが出来るだろう	.13	.49	.30
1	その経験は，私がこれまで持っていた物事の見方，考え方を通して理解することが出来るだろう	.06	.42	.20
3	その経験が意味することは私が持つ物事の見方，考え方に合致している	.19	.40	.25

因子間相関	F1	F2
F1	—	.33
F2		—

因子は7項目で構成されており，"その経験が持つ意味を理解するのに時間はかからないだろう"，"その経験が意味することは私が持つ物事の見方，考え方に合致している"など，自身が持つ物事の見方や考え方を通した体験の理解を表している項目が高い負荷量を示していた。そこで"同化"因子と命名した。

意味づけにおける同化・調節尺度の2つの因子に相当する項目の平均値を算出し，同化下位尺度得点（$Mean=3.08$, $SD=0.80$），調節下位尺度得点（$Mean=3.32$, $SD=0.84$）とした。

信頼性の検討

抽出された同化と調節の尺度得点の信頼性を検討するために，クロンバックのα係数を算出し，内的整合性を確認した。その結果，同化は$\alpha=.81$，調節は$\alpha=.83$，と十分な値が得られた。従って尺度の一貫性は実用に耐えうるレベルであると判断した。また両者は有意な正の相関を示した（$r=.32$, $p<.001$）。

構成概念妥当性の検討

（a） 認知的熟慮性との関連

意味づけにおける同化・調節尺度と認知的熟慮性－衝動性尺度との関連を検討するために相関分析を行った。同化と調節は有意な相関が見られたため，同化と調節を共変量として，それぞれ統制し，同化と認知的熟慮性，調節と認知的熟慮性の偏相関係数を算出した（Table 4-4）。その結果，調節と認知的熟慮性の間に有意な極めて弱い正の偏相関が見られた（$r=.12$, $p<.05$）。一方で同化と認知的熟慮性との間には有意な偏相関は見られなかった。

（b） コーピングとの関連

意味づけにおける同化・調節尺度とコーピング尺度との関連を検討するた

Table 4-4 調節・同化と認知的熟慮性との相関・偏相関

	認知的熟慮性	
	相関	偏相関
調節	.12*	.12*
同化	.03	－.01

* $p<.05$

Table 4-5 調節・同化とコーピング尺度との相関・偏相関

	問題焦点型		情動焦点型		回避・逃避型	
	相関	偏相関	相関	偏相関	相関	偏相関
調節	.29***	.25***	.27***	.21**	－.02	－.07
同化	.20**	.10	.29***	.24***	.16**	.16**

*** $p<.001$, ** $p<.01$

めに相関分析を行った。コーピング尺度についても同様の理由で,偏相関係数を算出した (Table 4-5)。その結果,調節と問題焦点型の間に有意な弱い正の偏相関が見られた ($r=.25, p<.001$)。また情動焦点型との間にも有意な弱い正の偏相関が見られたが ($r=.21, p<.01$),回避・逃避型との間には有意な偏相関は見られなかった。一方で同化と問題焦点型との間には有意な偏相関は見られなかった。また情動焦点型との間に有意な弱い正の偏相関が見られ ($r=.24, p<.001$),回避・逃避型との間にも許容される程度の値ではあるが,有意な正の偏相関が見られた ($r=.16, p<.01$)。

(c) 挫折体験の重大さとの関連

"主観的な辛さ","重要度","予測不可能性"からなる挫折体験の重大さと,同化,調節との関連を検討するために相関分析を行った。相関は偏相関係数を算出した (Table 4-6)。その結果,調節と主観的な辛さ ($r=.22, p<.001$),重要度 ($r=.34, p<.001$) との間に有意な正の偏相関が見られ,予測不可能性 ($r=.11, p<.10$) とは有意傾向が見られた。一方で同化と主観的

Table 4-6 調節・同化と当時の辛さ，重要度，予測不可能性との相関・偏相関

	当時の辛さ		当時の重要度		予測不可能性	
	相関	偏相関	相関	偏相関	相関	偏相関
調節	.18**	.22***	.28***	.34***	.02	.11†
同化	－.05	－.10	－.07	－.17**	－.22***	－.25***

*** $p<.001$, ** $p<.01$, † $p<.10$

な辛さとの間には有意な相関は見られなかった。また重要度（$r=-.17$, $p<.01$），予測不可能性（$r=-.25$, $p<.001$）との間には有意な弱い負の偏相関が見られた。

考　察

　研究3の目的は，意味づけにおける同化・調節尺度を作成し，尺度の信頼性，妥当性の検討を行うことであった。

　意味づけにおける同化・調節尺度は2因子14項目からなり，先行研究に基づいた想定通りの因子構造が確認された。不採用となった項目は，研究2を基にした項目案で，同化1項目，調節1項目の計2項目，King & Hicks (2009) を基にした項目案で，同化1項目，調節1項目の計2項目，島井・大竹（2005）を基にした項目案で，同化2項目，調節1項目の計3項目であった。従って，特定の観点に限定された尺度構成ではなく，様々な知見を取り入れた包括的な尺度構成となったと考えられる。加えて，各因子の内的整合性も十分な値を得られたことから，尺度の信頼性が確認された。

　本尺度の妥当性に関しては，構成概念妥当性の検討によって確認した。調節と認知的熟慮性が正の偏相関を示したため，仮説1は支持された。自身の持つ物事の見方や考え方を変えようと試みることで意味づける調節は，その出来事に対して時間をかけて対処していくことが必要となるため，認知的熟慮性との間に関連が示されたと考えられる。しかし，相関は許容される程度の値であることから，時間をかけなくとも調節に至る場合も考えられ，調節

を用いた対処の中でも個人差があることが示唆された。

　また，コーピングとの関連を検討した結果，調節のみ問題焦点型コーピングと弱い正の偏相関が示された。従って仮説2は支持された。問題焦点型コーピングとは，その状況において生じている問題を解決することを通してストレス価を減じようとすることを目的とした対処方略である（斉藤・菅原, 2007）。従って，調節は重大なネガティブ体験に対して積極的に関与していく対処方略であることが示された。加えて，調節，同化どちらも情動焦点型コーピングと弱い正の偏相関が見られた。情動焦点型コーピングとは，ストレス状況で喚起された不快な情動を鎮め，調整するための対処方略である（斉藤・菅原, 2007）。従って，同化と調節どちらの意味づけでも，不快情動の緩和を試みているという共通の特徴があると考えられる。さらに同化のみ回避・逃避型コーピングと弱い正の偏相関が示された。回避・逃避型コーピングとは，ストレス状況との関わりを避ける対処方略である（斉藤・菅原, 2007）。同化は，重大なネガティブ体験から得られた情報を無視し，自身のこれまでの物事の見方や考え方を維持していくので（Payne et al., 2007），関わりを避けるというより，関わる必要がないと捉えたことで，回避・逃避型コーピングと許容される程度の値ではあるが，正の偏相関が示されたものと考えられる。また，コーピングは状況依存的なコーピングと個人が頻繁に用いる比較的安定した特性的コーピングがあるとされている（Stanton, Kirk, Cameron & Danoff-Burg, 2000）。本調査で同化，調節とコーピングとの関連が低かった理由として，重大なライフイベントに対する意味づけという状況依存的なコーピングに加え，特性的コーピングの影響もあったものと考えられる。

　加えて，体験の重大さを規定する要因として，主観的な辛さ，重要度，予測不可能性を取り上げ，同化，調節との関連を検討した。偏相関分析の結果，調節はすべての変数と正の偏相関が示され，同化は負の偏相関または無相関が示された。従って，仮説3は支持された。しかし，偏相関は有意ではある

第4章 意味づけにおける同化・調節尺度の開発

ものの，弱い値しか示されなかった。この点については，本研究では重大さを規定する要因をそれぞれ1項目で尋ねていたため，十分に測定できていなかった可能性が考えられる。また，他の理由として，挫折体験の重大さを規定する要因が他にもあることが推察される。研究3では研究2からの回答を基に3つの要因を同定し検討を行ったが，他にも仮定世界の崩壊の程度（Janoff-Bulman, 1992; Payne et al., 2007）や無力感の程度（Linely & Joseph, 2004）などが体験の重大さを規定する要因として挙げられている。この点については研究6で検討する。

　本研究により，これまで仮説生成を目的とした理論的検討に留まっていた意味づけの過程について，同化と調節の観点から，実証的に検討する初めての尺度が開発されたと言える。しかし統計的な分析の結果，妥当性に関して，仮説は支持されたものの十分な値は得られなかった。その理由について以下に3点考察する。

　1点目は，尺度の項目に含まれる"意味"という言葉の多義性である。Davis et al.（2000）は"意味"が意味することは様々であると指摘しており，本研究においても，明確な定義を示していない。従って，回答者によって"意味"という言葉の捉え方が異なる可能性が十分に考えられる。

　2点目は，本尺度は，体験を経験した当初の意味づけについて回答を求める回顧法を採用している点である。意味づけに関する先行研究では，体験を経験した初期の意味づけはほとんど検討されておらず，現在の意味づけを測定し，現在のストレスや適応との関連の検討が中心であった（Park, 2010）。しかし，Jeavons, Greenwood, & Horne（2000）は体験の初期の認知が，その後のストレスと強い関連を示していることを明らかにしており，体験に対する初期の意味づけを検討することは，意味づけのプロセスを明らかにしていく上で，未検討かつ重要な視点であると考えられる。従って本尺度では，体験を経験した当初の意味づけについて回答を求めた。しかし，当時の考えを想起して回答する場合は，現在の考えについて回答するよりも，記憶が曖昧

であるために，不確かな回答となる可能性が考えられる。

 3点目は，体験からの経過時間の統制や制限を行っていない点である。ストレスフルな出来事をあげる際に，過去3年や5年といった時間的枠組みを設けている研究もあれば（例えば，羽鳥，2008; Tedeschi & Calhoun, 1996），期間を限定せず，ストレスフルな出来事の回答を求めている研究もある（例えば，松下，2008；宅，2005）。時間的枠組みを設けることで，より時間的に近接した体験をあげさせることができ，体験の想起が容易になるという利点はあるものの，本尺度では，回答者にとって最も大きな体験の意味づけについて検討する意義を重視し，時間的枠組みを設けること無く，意味づけを検討した。しかし回顧法である点と合わせ，回答の信頼性，妥当性が高く保たれているかは，今後さらなる検討が必要であろう。

 最後に，研究3では挫折体験に対する意味づけを検討したが，他の重大なネガティブ体験への本尺度の応用可能性について検討する必要がある。同化と調節という意味づけの過程は，特定の体験に対するものではないので（Payne et al., 2007），今後，疾病や災害，喪失体験など他のストレスフルな出来事に対しての検討を行い，尺度の適用範囲を拡大していくことが，臨床的介入への有意義な示唆を得るためにも望ましい。

研究2・3のまとめ

 研究2，3では，面接調査と質問紙調査を用いて，意味づけの過程について，同化と調節の観点から測定する初めての尺度である，意味づけにおける同化・調節尺度の作成を試みた。その結果，妥当性については更なる検討の余地が残るものの，仮説は支持されており，今後の実証研究において活用できる尺度が作成された。

第5章
意味づけの過程に影響を与える個人特性

　　　第5章では，同化と調節に影響を与える個人特性について検討する。研究4では楽観性との関連を，研究5では自己開示動機と自己愛との関連を検討する。

　重大なネガティブ体験を経験した時に，個人が同化と調節のどちらの対処を取るかは，パーソナリティや認知，思考の特徴といった，経験主体が持つ個人特性の影響を受けることが予測される。つまり重大なネガティブ体験を経験した時に，同化または調節をどのように行うかは個人差があることが考えられる。

　しかし意味づけ研究はこれまで，生成された意味と精神的健康や適応との関連の検討が中心であったため，意味づけが影響を与える要因については多くの知見が蓄積されてきたものの，意味づけに影響を与える要因についての研究は少ない。特に同化と調節という意味づけの過程との関連に焦点を当てた研究は見受けられない。そこで研究4，5では，個人特性が同化，調節という意味づけの過程に与える影響について検討することを目的とする。

　まず研究4では，楽観性との関連を検討する。楽観性の高さは，生成された意味の獲得において重要な個人特性であることが複数の研究で言われており（Helgeson et al., 2006; Joseph & Linley, 2005; Zoellner & Maercker, 2006），意味づけの過程にも少なからず影響を与えていると考えられるからである。研究5では，自己開示動機，自己愛という2つの観点から関連を検討する。これらは個人特性の中でも，他者に対する認知，関係性を含んだ要因であると言える。自己開示動機を選択した理由は，自己開示傾向の高さは，抑うつ症状や身体症状の軽減に有効であることが言われており（Cohen & Willis, 1985;

Pennebaker & Beall, 1986), 意味づけにも影響を与える個人特性であるとされているためである（松下, 2005）。しかし重大なネガティブ体験を経験した際には, 開示抵抗感があることも言われているため（松下, 2005）, 本研究では, 自己開示傾向の高低という観点ではなく, 自己開示の意図に着目し, 自己開示動機の内容が同化と調節という意味づけの過程に与える影響を検討する。また, 自己愛を取り上げた理由は, 自己愛とは自尊心を維持・高揚しようとする心理的な制御機能であるとされており（小塩・川崎, 2011）, こうした心性は, 自己価値や自尊心の大きな傷つきを伴う重大なネガティブ体験後の対処に影響を与えることが予測されるためである。

　個人特性と意味づけの過程との関係について検討することで, 重大なネガティブ体験を経験した人に対し, 個人差を考慮した支援方策を提供する上での有益な視座を与えることが出来ると考えられる。

　研究4, 5では意味づけの対象となる重大なネガティブ体験について, 場面想定法による抽出を行うこととした。その理由としては, 状況要因による影響を統制, 除外するためである。本研究の目的は個人特性が同化, 調節に与える影響を検討することであり, 実際に体験した重大なネガティブ体験を対象とした場合, 結果として体験主体が置かれた状況の影響も意味づけの過程に反映されてしまうと考えられる。従って, 場面想定法を用いて, 今後体験する可能性のある重大なネガティブ体験について検討することによって, 状況要因の影響を含まず, 個人特性の影響によって意味づけの過程の違いを説明できると考えられる。

第1節　同化・調節と楽観性の関連【研究4】

問題と目的

　研究4では, 個人特性として楽観性を取り上げる。戸ヶ崎・坂野（1993）は, 将来に対する期待感を属性的楽観性とし, 物事がうまく進み, 悪いこと

第5章 意味づけの過程に影響を与える個人特性

よりも良いことが生じるだろうという信念を一般的に持つ傾向と定義している。また Seligman（1991）は，Learned Helplessness 理論（Seligman & Maier, 1967）をもとに，楽観性を説明スタイルの1つであると捉えており，ネガティブイベントの原因を特異的なものとして帰属する傾向を楽観的説明スタイルであるとしている。他にも Weinstein（1980）は，楽観性を認知の歪みとしているなど，楽観性は多様な側面から概念化され，検討されてきた。

そこで，本研究では個人特性としての楽観性に着目し，意味づけの過程との関連を検討する。楽観性はこれまでの意味づけに関する先行研究において，外傷体験後の成長感といった生成された意味の獲得を促進するための重要な個人特性であることが多くの研究で支持されてきたものの（Helgeson, et al., 2006; Joseph & Linley, 2005; Zoellner & Maercker, 2006），意味づけの過程への影響については明らかにされてはいない。

楽観性について以下の二側面から検討することとする。1点目は，Scheier, Carver & Bridges（1994）が作成した，属性的楽観性を測定することが出来る the revised Life Orientation Test（LOT-R）を取り上げることとする。その理由としては，Helgeson et al.（2006）や Prati & Pietrantoni（2009）が行った意味づけに関するメタ分析においても，楽観性を測定する指標として取り上げられているからで，LOT-R は，意味づけ研究において，楽観性を測定する代表的な尺度の1つであると言える。

2点目は，楽観性には様々な側面があるということを勘案し，楽観性を多側面から測定できる尺度である多面的楽観性測定尺度（安藤・中西・小平・江崎・原田・川井・小川・崎濱，2000）を取り上げることとする。

以上のように研究4では，重大なネガティブ体験を経験した人の楽観性の程度を，意味づけ研究において用いられる代表的な指標と，楽観性について多角的に測定できる指標を用いて，同化・調節に与える影響について検討することを目的とする。その際に設定した仮説は以下の通りである。

仮説1：楽観性の高い場合には，粘り強く努力を積み重ねる傾向があると

指摘されている（Segerstorm, 2007）。したがって，楽観性の高い人は，重大なネガティブ体験を経験した時に生じる出来事の評価と包括的な意味の不一致から生まれるストレスを低減するために努力をし，出来事の意味を理解し成長しようとすると考えられる。また，これまで楽観性の高さは重大なネガティブ体験からの成長感の獲得を促進するとされてきており（Prati & Pietrantoni, 2009），理論的検討ではあるが，調節を通した意味づけは成長感の獲得を導くことがJoseph & Linley（2005）によって指摘されている。従って，楽観性の高い人ほど調節を行うと考えられる。

　仮説2：多面的に楽観性を捉えた場合，楽観性の中でも，自分の能力に自信を持ち，重大なネガティブ体験に対しても十分に対処していけると考える，問題焦点型の対処方略を取るタイプ（Scheier, Weintraub, & Carver, 1986）と，Taylor & Brown（1988）が提唱した非現実的な楽観主義とされるポジティブイリュージョンのような，ネガティブな出来事の生起を低く見積もり，そうした出来事に固執しないタイプがあると考えられる。前者は研究3で問題焦点型コーピングと調節に関連が見られたことから，調節を通した意味づけに影響を与えると考えられる。後者は研究3で回避・逃避型コーピングと同化に関連が見られたことから，同化を通した意味づけに影響を与えると考えられる。多面的楽観性測定尺度では，前者は"楽観的な能力認知"，後者は"割り切りやすさ"や"楽天的楽観"といった下位尺度で測定されている。従って，まとめると，同化は"割り切りやすさ"や"楽天的楽観"と，調節は"楽観的な能力認知"と関連があると考えられる。

方　法

調査協力者

　調査協力者は関東地方に所在する国立大学の学生1～4年生までの計247名（男性142名，女性105名，平均年齢19.54±1.52歳）であった。

調査時期
2012年3月から4月に実施した。

調査内容
1 重大なネガティブ体験の抽出
　研究4では，個人特性と意味づけの過程の関連を検討することが目的であったため，実際に経験した体験を取り上げるのではなく，場面想定法によって重大なネガティブ体験の抽出を行った。これにより，内容や経験時期といった体験の状況要因による影響を極力除外した検討が出来ると考えた（資料6，後掲198頁）。

　問1-1では，重大でネガティブな体験を問う教示文とその例を提示した。教示は"これからあなたにとっての重大なネガティブ体験についてお聞きします。これにあくまで主観的な体験ですので，他の人と比べたり，他の人がどう思うかを気にする必要はありません。以下にあげるような出来事で，あなたがイメージしやすく，これからもし経験するとしたら最も重大でネガティブだと思う出来事を1つ選んで○をつけてください"であった。また，研究1をもとに重大なネガティブ体験の例として，"1．学業や進路（試験，面接の不合格など）"，"2．人間関係（失恋，いじめなど）"，"3．部活やスポーツ（大会で負ける，スランプなど）"，"4．喪失（近親者，友人，ペットなど）"，"5．病気やケガ"，"6．犯罪被害"，"7．災害"，"8．その他"という領域を用い，選択式で回答を求めた[1]。選択された体験は順に50名（20.2%），69名（27.9%），4名（1.6%），79名（32.0%），18名（7.3%），10名（4.0%），13名（5.3%），4名（1.6%）であった。

　問1-2では，その重大なネガティブ体験をどのくらい鮮明にイメージできるか回答を求めた。教示は"あなたは問1-1で○をつけた出来事について，

---

[1] 研究1では"仕事"もカテゴリーに含まれていたが，調査協力者が大学生であることを踏まえ，以降の研究では"学業・進路"としている。

どのくらい鮮明にイメージすることができますか。当てはまるもの1つに○をつけてください"であった。回答は5件法（1. ほとんどイメージできない, 2. あまりイメージできない, 3. どちらともいえない, 4. まあまあイメージできる, 5. かなりイメージできる）によって評定を求め, 平均は3.73±1.13であった。

問1-3では, その重大なネガティブ体験を過去に経験しているか回答を求めた。教示は"あなたは問1-1で○をつけた出来事を, 以前実際に体験したことがありますか"であった。回答は2件法によって評定を求め, "ない"が92名（37.2%）, "ある"が154名（62.3%）, 未回答が1名（0.4%）であった。

イメージ度や過去経験の有無で対象者を分類して検討した結果, 全協力者で分析を行った場合とパスの値は異なるものの, 関連が見られた変数に違いはなかった。従って, 全協力者の分析結果を示すこととした。

2　同化・調節を通した意味づけの過程

ある重大なネガティブ体験を経験したときに, 自身の持つ物事の見方や考え方と照らし合わせ, どのように評価し, どのように対処していこうとするかといった志向性や対処方略について, Joseph & Linley（2005）が提唱した同化と調節の観点から測定するための尺度であり, 本研究の研究3において作成され, 信頼性と妥当性が確認されている。本尺度は"その経験を理解するのに, 私の持つ物事の見方, 考え方を利用することが出来るだろう"など7項目からなる"同化"と, "これまでの考え方を改める必要があると感じている"など7項目からなる"調節"の2因子からなる14項目で構成されており, 5件法で回答を求めた（資料7, 後掲199頁）。本研究でも研究3と同様の因子構造が再現されており, 本尺度は特定の体験に限定された尺度ではないことが示された。

3　楽観性

楽観性に関しては以下の2つの尺度を用いて測定した。1つ目は, 改訂版

楽観性尺度（坂本・田中，2002）である。この尺度は the revised Life Orientation Test（LOT-R: Scheier, Carver & Bridges, 1994）の日本語版であり，性格特性としての楽観性を5件法によって測定する尺度である。本尺度は，"私は自分の将来についていつも楽観的である"など3項目からなる楽観性と，"私はものごとが自分の思い通りにいくとはほとんど思っていない"など3項目からなる悲観性と，フィラー項目が4項目の計10項目から構成されているが，本研究では楽観性に関する3項目を以降の分析で用いた。回答は"1．強くそう思わない－5．強くそう思う"の5件法によって評定を求めた。3項目の平均値を算出し，楽観性下位尺度得点（$Mean=3.02$, $SD=.57$, $\alpha=.63$）とした。

2つ目は多面的楽観性測定尺度（安藤ら，2000）である。この尺度は従来の楽観性に関する尺度が測定していた，"楽観的な期待"に加えて，"楽観的な評価"や"割り切りやすさ"など，楽観性を多側面から検討できる尺度である。本尺度は，"どんな困難にでもそれなりに対処できると思う"など自己の対処能力を過大にもしくは楽観的に評価する傾向を表す"楽観的な能力認知（10項目）"と，"何事もあれこれ悩まない"など失敗をあまり気にせず，物事に執着しない傾向を表す"割り切りやすさ（7項目）"と，"困ったことがあったら，きっと誰かが助けてくれると思う"など外在要因からの援助を期待する傾向を表す"外在要因への期待（5項目）"と，"自分は運が強いと思う"など自身の幸運を信じる傾向を表す"運の強さへの信念（6項目）"と，"自分は犯罪へ巻き込まれないと思っている"などある出来事の生じる程度を不正確に判断する傾向を表す"楽天的楽観（4項目）"と，"私は幸せな家庭が築けると思う"など将来に対して楽観的な期待を持つ傾向を表す"楽観的展望（4項目）"の6因子からなる36項目で構成されている。回答は"1．全くそう思わない－5．全くそう思う"の5件法によって評定を求めた。因子に相当する項目の平均値を算出し，楽観的な能力認知下位尺度得点（$Mean=3.35$, $SD=.58$, $\alpha=.76$），割りきりやすさ下位尺度得点（$Mean=3.04$,

$SD=.56$, $\alpha=.81$), 外在要因への期待下位尺度得点（$Mean=3.11$, $SD=.67$, $\alpha=.74$), 運の強さへの信念下位尺度得点（$Mean=3.03$, $SD=.47$, $\alpha=.57$), 楽天的楽観下位尺度得点（$Mean=2.38$, $SD=.78$, $\alpha=.66$), 楽観的展望下位尺度得点（$Mean=3.29$, $SD=.59$, $\alpha=.74$) とした。

結　果

楽観性と意味づけにおける同化・調節との関連

LOT-Rと同化・調節との因果関係を検討するために，LOT-Rを説明変数とし，同化・調節を従属変数とする共分散構造分析を行った（Figure 5-1）。その結果，楽観性は調節（$\beta=.16$, $p<.05$）に有意な正の影響を与えており，同化には有意な影響は与えていなかった。適合度指標は，それぞれ，$GFI=.993$, $AGFI=.961$, $CFI=.965$, $RMSEA=.038$であり，モデルは概ね適合していることが示された。

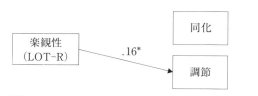

$GFI=.993$, $AGFI=.961$, $CFI=.965$, $RMSEA=.038$　　$*p<.05$

Figure 5-1　楽観性（LOT-R）と同化・調節の関連

多面的楽観性と意味づけにおける同化・調節との関連

楽観性についてより詳細に同化，調節との関連を検討するために，多面的楽観主義尺度の各因子を説明変数とし，同化・調節を従属変数とする共分散構造分析を行った（Figure 5-2）。その結果，割り切りやすさは同化（$\beta=.19$, $p<.01$）に有意な正の影響を与えており，調節には有意な影響は与えていなかった。楽観的な能力認知は調節（$\beta=.16$, $p<.05$）に有意な正の影響を与

えており，同化には有意な影響は与えていなかった。適合度指標は，それぞれ，*GFI*= .996, *AGFI*= .986, *CFI*=1.000, *RMSEA*= .000と非常に高い値を示した。

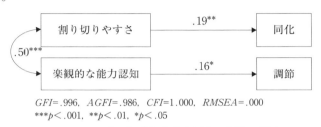

GFI= .996, *AGFI*= .986, *CFI*=1.000, *RMSEA*= .000
***p＜.001, **p＜.01, *p＜.05

Figure 5-2　多面的楽観主義と同化・調節の関連

考　察

　研究4では，同化・調節に影響を与える個人特性を明らかにするために，楽観性との関連を検討した。

　改訂版楽観性尺度が示す楽観性は，調節と関連があることが示された。従って楽観性の高さは調節を通した意味づけの過程を促進することが明らかとなり，仮説1は支持された。しかし一方で，本研究では楽観性から調節へのパスの値は小さかった。つまり，LOT-Rのようなこれまで意味づけ研究で行われてきた楽観性を単一的な概念として捉えるだけでは，意味づけの過程を十分に説明することは出来ないことが本研究の結果から示されたといえる。実際に生成された意味に関しても，これまで楽観性は生成された意味の獲得を説明する重要な個人特性であることは言われてきたものの，Linley & Joseph（2004）やPrati & Pietrantoni（2009）の行ったメタ分析では，楽観性と生成された意味の関連がないという研究結果も少なからず報告されている（例えばKing, Scollon, Ramsey, & Williams, 2000）。これは楽観性をより多面的に捉えて検討する必要があることを示唆している。

　そこで，本研究で検討した多面的楽観性測定尺度と意味づけの過程の関連

が重要な示唆を与えるものと考えられる。多面的楽観性に関しては，"割り切りやすさ"は同化と関連があり，"楽観的な能力認知"は調節と関連があることが示された。"楽天的楽観"と同化の関連は示されなかったものの，仮説2は一部支持された。割り切りやすさは，物事にあまり執着せず，深く考え込まない傾向を表しているため，努力を要さない認知活動，すなわち調節よりも同化を意味づけの過程で選択する傾向にあると考えられる。"楽観的な能力認知"とは，問題や課題に直面した際に自己の対処能力の高さを過大に認知する傾向を表している。つまり，自分自身に自信があるため，物事の見方や考え方を変えることに対する不安や恐怖が少ないと考えられる。そのため重大なネガティブ体験を経験した際も，自身の世界観や価値観を変えることを厭わず，対処していくものと思われる。一方で"割り切りやすさ"，"楽観的な能力認知"以外の多面的楽観性測定尺度の下位尺度は，同化や調節と有意な関連は見られなかった。"外在要因への期待"や"運の強さへの信念"は，他者からの援助や運といった外的な要因に対する期待を表しているため，個人内の認知・感情的対処である意味づけの過程とは関連が見られなかったと推測される。また"楽天的楽観"や"楽観的展望"は，自身の能力や認知に対する楽観的な態度と言うよりも，認知の歪みや将来に対する期待を表しており，こうした楽観性の側面では同化と調節という意味づけの過程を説明することが出来ないことが示された。

以上のように，本研究では楽観性と意味づけの過程との関連が明らかとなった。しかし，LOT-Rや多面的楽観性尺度で関連が示されなかった下位尺度が測定している，"期待"としての楽観性に関しては同化と調節に与える影響は弱い，もしくは影響を及ぼさないという結果となった。そのため期待という側面以外からの検討が必要であると考えられる。楽観性を測定する尺度は他にも存在しており，例えば楽観性・悲観性をそれぞれ単極の概念と仮定し，その二つを個々に測定することが可能なOptimism/Pessimism scale (Dember, Martin, Hummer, Howe & Melton, 1989) や，個人の持つ説明スタイル

について測定する Attributional Style Questionnaire（Seligman, Abramson, Semmel & Baeyer, 1979）や，困難な出来事に対面した際に，ポジティブな側面を捉えていこうとする認知傾向について測定するポジティブ志向尺度（橋本・子安，2011）などがある。他の尺度を用いて楽観性の程度やタイプによる同化・調節の用いられ方の違いを検討していくことで，本研究では測定できなかった楽観性と同化・調節との関連が明らかになる可能性もあるであろう。

研究4のまとめ

　研究4では，意味づけの過程に関連する個人特性として，楽観性を取り上げ，検討した。その結果，楽観性が高いほど調節を通した意味づけを行うことが示された。しかしながら，多面的楽観性測定尺度との関連を検討したところ，"割り切りやすさ"は同化と関連が示されたため，楽観性の中でもタイプによっては，用いられやすい意味づけの過程が異なることが示唆された。これまで意味づけ研究では楽観性を単一の概念として扱う研究がほとんどであったが，本研究の結果を通して，より詳細な分類を行った上での検討が肝要であることが示され，その一端を明らかにすることが出来たと言える。

第2節　同化・調節と自己開示動機・自己愛の関連【研究5】

問題と目的

　研究4では，同化・調節に影響を及ぼす個人特性として楽観性との関連を検討した。その結果，楽観性が高い個人は調節を行いやすいことが示された。一方で，多面的楽観性測定尺度を用いて，楽観性を複数の観点から検討した結果，楽観性のタイプによって同化・調節の行いやすさは異なることが示された。しかしながら，研究4の結果は，いずれもパスの値は小さく，同化と調節に影響を与える個人特性は他にも存在すると考えられる。そこで，研究5では，他の変数を取り上げることによって，同化と調節に影響を及ぼす個

人特性について更なる検討を加える。研究4では楽観性という主に個人内過程に焦点を当てた個人特性を取り上げたが，研究5では他者との関係性を含んだ個人特性を取り上げることとする。

研究5で，個人特性として新たに取り上げる変数は以下の2点である。

1点目は自己開示動機である。自己開示とは特定の他者に対して，言語を介して意図的に伝達される自分自身に関する情報，およびその伝達行為（安藤，1986）と定義される。これまで自分のことを人に話さず，隠蔽することは，多大なストレスを自分自身に与えると考えられており（Jourard, 1971），自己開示を行うことは精神的健康の維持に有効であることが言われている（小林・宮原，2012）。従って，重大なネガティブ体験を経験した個人が精神的健康を回復または維持していく過程には，他者に対して自身の体験を開示していくことが有効な手段の1つと考えられる。

しかし，小林・宮原（2012）は，自己開示をしたいと思ってもそれを実行できない場合や，そもそも他者に自分のことをわかってもらおうと考えていない場合も存在するとしている。研究2で行った面接調査においても，"話したくない"，"話したくても話せない"といった自己開示を抑制する個人が見受けられた。従って，実際に自己開示したかどうかの検討だけでは，重大なネガティブ体験からの適応過程を説明するのは不十分であると考えられ，どのような意図を持って自己開示をしているか，つまり，自己開示動機が重大なネガティブ体験からの適応過程に影響を与えると考えられる。

自己開示動機に関しては，榎本（1997）が"理解・共感追求"，"情動解放"，"親密感追求"，"相談"の4因子からなる自己開示動機尺度を作成しており，小口（1987）も"意図性"，"規範性"，"感情性"の3因子からなる自己開示動機質問紙（Self-disclosure Motives Inquiry : SMI）を作成している。しかし，いずれの尺度も嬉しかったことや驚いたことなど様々な状況に関する項目から構成されており，また日常的に起こりうる些細な出来事に関する項目も含まれていることから，重大なネガティブ体験を経験した個人が持つ自

己開示動機にはそぐわない項目が存在している。そのため，本研究では新たに質問項目を作成することとした。この質問項目では，話すことで相手の理解や共感を得て，自身のことを受け入れてもらいたいという"被受容感"と，話すことで相手の意見や考えを聞いて，自身に取り入れていきたいという"助言"という2つの自己開示動機を設定し，自己開示動機の内容による意味づけの過程の違いについて検討することとする。

　個人特性として取り上げる2点目は自己愛である。自己愛（narcissism）とはギリシャ神話の"ナルキッソス神話"に由来すると言われており，Freud（1914 懸田訳 1953）によって論文"ナルシシズム入門"が出版されるなど精神分析学において概念化され，その後，KernbergやKohutらによって拡張，再解釈がなされ，治療的アプローチが提唱されてきた。またアメリカ精神医学会（American Psychiatric Association：以下，APA）の診断統計マニュアルDSM-Ⅲ（Diagnostic and Statistical Mannual of Mental Disorders（3rd ed.）; APA，1980）では，"自己愛性パーソナリティ障害"の診断基準が記載され，Raskin & Hall（1979）によって，自己愛人格目録（Narcissistic Personality Inventory; NPI）が開発されたことにより，以降，多くの実証研究がなされてきている。

　小塩・川崎（2011）によれば，現在，研究において扱われてきた概念は(a)誰しもが持つ一般的な心理的機能を表す用語としての自己愛と，(b)特定のパーソナリティやその障害を表す言葉としての自己愛に大別できるとしている。本研究では，一般大学生を対象としているため，(a)の示す自己愛を想定し，検討することとする。

　一般的な心理的機能を表す自己愛は，自己を価値あるものとして体験しようとする心の働き（上地・宮下，2004）と定義され，自尊心を維持・高揚しようとする心理的な制御機能であるとも言える（小塩・川崎，2011）。重大なネガティブ体験を経験することは，自己価値や自尊心の大きな傷つきを伴うものであり，それらを維持・高揚させようとする程度によって，体験後の対処

方略も異なってくることが予測される。従って，自己愛は意味づけという対処過程に影響を及ぼす個人特性であると考えられる。

　一方で，自己愛は概念・定義ともに非常に多義的で混乱した状態になっており，(a)が示す自己愛であっても，研究者によって研究手法や扱う概念などは様々である。そこで近年では，自己愛の特徴を2つの下位型に分類するという考え方が注目されており（中山・中谷，2006），本研究においてもこの枠組みを用いて自己愛と意味づけの過程の関連を検討することとする。2つの下位型というのは"自己顕示型（exhibitionistic）"と"内密型（closet）"（Masterson, 1993）や"無関心型（obvious）"と"過敏型（hypervigilant）"（Gabbard, 1989, 1994）など様々な命名があるものの，それぞれが示す特徴は概ね共通している。前者は他者の反応に対し無関心で，攻撃的な自己愛を表しており，後者は他者の評価に敏感で，内気で対人恐怖心性を持つ自己愛を表している。これらを本研究では中山・中谷（2006）にならい，それぞれ"誇大型"と"過敏型"と呼び，自己愛のタイプによる意味づけの過程の違いについて検討することとする。

　以上のように研究5では，重大なネガティブ体験を経験した人の自己開示動機の内容と自己愛のタイプが，同化・調節に与える影響について検討することを目的とする。その際，設定した仮説は以下の通りである。

　仮説1：相手に受け入れて欲しいと思う被受容感が高いほど，これまで持っていた自身の物事の見方や考え方を他者にも受け入れて欲しいと考えることが予測される。従って，"被受容感"を目的に自己開示する個人は同化を行うと考えられる。一方で相手の意見を取り入れ，助言を求めるということは，新たな物事の見方や考え方を持ちたいと考えることが予測される。従って"助言"を目的に自己開示する個人は調節を行うと考えられる。

　仮説2：誇大型自己愛は，他者によらず自己価値・自己評価・自己像・自己概念といったものを肯定的に維持または誇示するとされているため（中山・中谷，2006; 小塩・川崎，2011），自身が持つ価値観や世界観を改訂するこ

第5章　意味づけの過程に影響を与える個人特性

とは難しいことが予測される。従って誇大型自己愛の傾向が高いほど同化を行うと考えられる。一方で過敏型自己愛は，他者の評価に敏感で傷つきやすい傾向を持っているため（小塩・川崎，2011），自己を変容させていくことで自己価値や自己評価の維持を行うことが予測される。従って過敏型自己愛の傾向が高いほど調節を行うと考えられる。

方　　法

調査協力者
　調査協力者は，関東地方に所在する国立・私立大学の学生236名（男性111名，女性121名，不明4名，平均年齢20.46±1.90歳）であった。

調査時期
　2013年3月から4月に実施した。

調査内容
1　重大なネガティブ体験の抽出
　研究4と同様に場面想定法によって，重大なネガティブ体験の抽出を行った（資料6，後掲198頁）。選択された体験はそれぞれ"学業や進路"が31名（13.1％），"人間関係"が73名（30.9％），"部活やスポーツ"が12名（5.1％），"喪失"が85名（36.0％），"病気やケガ"が13名（5.5％），"犯罪被害"が14名（5.9％），"災害"が7名（3.0％），"その他"が1名（0.4％）であった。またイメージ度は，平均3.80±1.12で，過去経験は"ない"が80名（37.2％），"ある"が154名（62.3％），未回答が2名（0.8％）であった。

　イメージ度や過去経験の有無で対象者を分類して検討した結果，全協力者で分析を行った場合とパスの値は異なるものの，関連が見られた変数に違いはなかった。従って，全協力者の分析結果を示すこととした。

2 同化・調節を通した意味づけの過程

研究3で作成した尺度を用いた（資料7，後掲199頁）。

3 自己開示動機に関する質問項目

重大なネガティブ体験を経験した時に，どのような理由・意図・目的を持って自己開示を行うかを測定する質問項目を，自己開示動機尺度（榎本，1997）やSMI（小口，1987）を参考に，"被受容感"と"助言"という2因子を設定し作成した。項目に関しては，臨床心理学を専攻する大学院生1名と心理学を専攻する大学生2名で内容的妥当性の検討を行った。質問紙の問1であげた重大なネガティブ体験に直面した際の自己開示動機に限定した回答を求めたため，"問1であげたような困難な事態に直面したとき，誰か他の人にその困難な事態について話したくなることがあるかもしれません。自分が相談すると思われる人を思い浮かべて，それぞれの質問に対して最も当てはまる数字に○をつけてください"と教示した。

尺度構成に関しては，まず暫定版14項目の平均値，標準偏差を算出した。その結果，天井効果および床効果は見られなかった。次に14項目について2因子を仮定して最尤法・Promax回転による因子分析を行った。Promax回転後，想定通りの項目群がそれぞれ因子としてまとまった。従って，本研究では14項目（5件法）を以降の分析で採用することとした。最終的な因子パターンと因子間相関をTable 5-1に示す。最終的に2因子14項目の全分散を説明する割合は58.00%であった。第1因子は"話すことで相手の同意を得たい"など7項目で構成されており，"被受容感"と命名した。第2因子は"話すことで相手からの意見が欲しい"など7項目で構成されており，"助言"と命名した。因子に相当する項目の平均値を算出し，被受容感下位尺度得点（$Mean$=3.92，SD=.81，α=.85），助言下位尺度得点（$Mean$=3.41，SD=1.08，α=.92）とした。

Table 5-1 自己開示動機の質問項目の因子分析結果(最尤法・Promax 回転)

項目内容	F1	F2	共通性
〈第1因子:被受容感($\alpha = .85$)〉			
5 話すことで自分の気持ちをわかってもらいたい	.78	.04	.63
11 話すことで相手に共感して欲しい	.78	.03	.65
7 話すことで自分の状況をわかってもらいたい	.74	.04	.54
13 ただ話を聞いて欲しくて人に話をする	.68	−.28	.30
3 人に話をすると安心する	.67	.04	.46
9 話すことで相手に気にかけて欲しい	.61	.09	.46
1 話すことで相手の同意を得たい	.38	.36	.42
〈第2因子:助言($\alpha = .92$)〉			
6 話すことで相手の考えを参考にしたい	−.11	.88	.73
8 話すことで相手の助言が欲しい	.06	.85	.77
4 話すことで相手のアドバイスに期待している	−.01	.84	.70
12 話すことで自分とは違った見方が欲しい	−.16	.82	.60
2 話すことで相手からの意見が欲しい	.05	.80	.67
10 話すことで相手の考えを取り入れたい	.01	.79	.63
14 話すことで相手がどう思うかを聞きたい	.09	.71	.58
因子間相関	F1	F2	
F1	—	.53	
F2		—	

4 自己愛

自己愛の測定には,評価過敏性−誇大性自己愛尺度(中山・中谷,2006)を用いた。これは個人の自己愛の程度を,評価過敏性,誇大性の2側面から測定するための尺度であり,信頼性と妥当性が確認されている。本尺度は"自分の欠点や失敗を少しでも悪く言われると,ひどく動揺する"など8項目からなる"評価過敏性"と"私は持って生まれたすばらしい才能がある"など10項目からなる"誇大性"の2因子からなる18項目で構成されており,5件法で回答を求めた。因子に相当する項目の平均値を算出し,評価過敏性下位尺度得点($Mean = 2.94$, $SD = .81$, $\alpha = .84$),誇大性下位尺度得点($Mean = 2.50$, $SD = .76$, $\alpha = .87$)とした。

結　果
自己開示動機と意味づけにおける同化・調節との関連

自己開示動機と同化・調節との因果関係を検討するために，自己開示動機尺度の各因子を説明変数とし，同化・調節を従属変数とする共分散構造分析を行った（Figure 5-3）。その結果，被受容感は調節（$\beta = .16$, $p < .05$）に有意な正の影響を与えており，同化には有意な影響は与えていなかった。助言も調節（$\beta = .23$, $p < .001$）に有意な正の影響を与えており，同化には有意な影響は与えていなかった。適合度指標は，それぞれ，$GFI = .991$, $AGFI = .976$, $CFI = .991$, $RMSEA = .017$ と非常に高い値を示した。

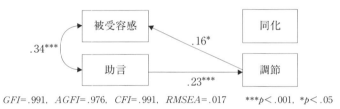

$GFI = .991$, $AGFI = .976$, $CFI = .991$, $RMSEA = .017$　　***$p < .001$, *$p < .05$

Figure 5-3　自己開示動機と同化・調節の関連

自己愛と意味づけにおける同化・調節との関連

自己愛と同化・調節との因果関係を検討するために，評価過敏性－誇大性自己愛尺度の各因子を説明変数とし，同化・調節を従属変数とする共分散構造分析を行った（Figure 5-4）。その結果，誇大性は同化に有意な正の影響を

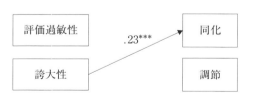

$GFI = .996$, $AGFI = .981$, $CFI = 1.000$, $RMSEA = .000$　　***$p < .001$

Figure 5-4　自己愛と同化・調節の関連

与えていた（$\beta = .23$, $p < .001$）。一方，誇大性と調節，評価過敏性と同化・調節との間に有意な関連は見られなかった。適合度はそれぞれ，$GFI = .996$, $AGFI = .981$, $CFI = 1.000$, $RMSEA = .000$と非常に高い値を示した。

考　察

　研究5では，同化と調節に影響を与える個人特性を明らかにするために，自己開示動機と自己愛との関連を検討した。

　自己開示動機に関しては，被受容感・助言ともに調節と正の関連があった。このことから，他者に対して自己開示を行う際は，被受容感や助言といった動機の種類に関わらず，自己開示を行うこと自体が調節に結びつくことが示され，仮説は一部が支持される結果となった。

　自身の身に，今までの自分の世界観では対処できない出来事が起きた時に積極的に認知的・感情的処理を行い，自分の考え方を変えて意味づけを行うのが調節である。自分にとって重大なネガティブ体験について話すとき，相手に被受容感・助言どちらを求めている場合でも自分の経験したネガティブなことと向き合い，その出来事が起きた時の感情や記憶について述べることが認知的・感情的処理に影響するため，自己開示をすることが調節につながると思われる。そのため，被受容感を目的に自己開示するほど同化を行うという仮説が支持されなかったことも考えられる。本研究では，実際に自己開示したかどうかよりも，自己開示動機が重大なネガティブ体験からの適応過程に影響を与えると考えていたが，この前提は支持されなかった。従って今後は自己開示をする頻度や人数など他側面からの検討や，自己開示が抑制される人への支援方策の考案が，重大なネガティブ体験からの適応過程には必要となるといえる。

　また，今回は本研究のために作成した項目を使用して分析を行った。因子分析を行ったうえで使用したが，信頼性・妥当性については疑問が残る。そのため，今後，項目を改良していくことで異なる結果になる可能性も考えら

れる。また，被受容感と助言以外の自己開示動機が存在することも考えられるので，自由記述調査などを行い，自己開示動機の内容についてより広く検討する必要もある。加えて本研究では自己開示動機を個人特性として考えたが，これらは重大なネガティブ体験の状況によって変化する可能性も考えられるので，個人にとってどの程度安定したものであるのかを検証する必要もある。

　自己愛に関しては，誇大型自己愛が同化と関連するという結果が得られ，仮説2は支持された。誇大型自己愛は，自己を過大に評価し，他者を下に見ることで自己の優位性を保とうとする。このことから，誇大型自己愛の人は自分の信念・価値観を過大評価するため，その信念や価値観を変化させる調節のような適応方略をとることができないのではないかと考えられる。また，本研究では過敏型自己愛の同化・調節両方への関連がみられなかった。過敏型自己愛は，自己を卑下し周りからそれを否定してもらうことで自信を保っている。過敏型自己愛の人にとって重要なことは，周りから自分を否定されないことであるため，否定されないために，直面する出来事・相手によって適応方略を使い分けている可能性が考えられる。そのため，同化・調節を場面によって使い分け，自身を守っている可能性も考えられる。

研究 5 のまとめ

　研究 5 では，意味づけの過程に関連する個人特性として，自己開示動機と自己愛を取り上げ，検討した。その結果，自己開示は動機の内容に関わらず，自己開示すること自体が，調節を導くことが示された。自己愛に関しては，誇大型の自己愛傾向を持つ個人は，同化を行いやすいことが示された。以上より，研究 5 では，個人特性の中でも，他者に対する認知，関係性を含んだ自己開示動機，自己愛という 2 つの観点から，同化と調節に与える影響について明らかにすることが出来た。

研究4・5のまとめ

　研究4，5では，同化や調節に影響を与えると推測される個人特性について実証的な検討を行った。その結果，楽観性と調節との間に関連が示されたものの，楽観性のタイプによっては同化と関連する個人もいることが示された。自己開示動機に関しては，動機の内容に関わらず，自己開示自体が調節を導くことが示された。また，誇大型自己愛の特徴を持つ個人は同化を行いやすいことが明らかになった。

　以上のように，研究4，5では，どのような特性をもった個人が同化・調節を行いやすいかについて，その一部を明らかにすることができたと言えよう。個人特性と意味づけの関連を明らかにしていくことで，重大なネガティブ体験に直面した人に援助する際のアプローチを個人が持つ特性の観点から考えていくことができる。本研究で検討した変数以外にも，より詳細に個人特性と意味づけの関連の検討を行うことで，個人にあった適応方法を考えていく際の手がかりが得られると思われる。加えて，複数の個人特性の相互作用による影響は，本研究では確認できておらず，今後の課題であると考えられる。

　一方で，個人特性の影響だけでは，どのような意味づけを行うかを説明しきれないことも示唆されたと言える。同化や調節には個人特性以外の要因も関連していることが考えられ，重大なネガティブ体験がどのような内容の体験であったのかという状況要因も同化や調節に影響を与えていると予測される。そのため，個人特性に限らず，状況要因と同化や調節の関連も明らかにしていく必要がある。そこで研究6，7，8では，意味づけに影響を与える状況要因について検討する。

第6章
意味づけの過程に影響を与える状況要因

　　　第6章では，同化と調節に影響を与える状況要因について検討する。研究6では体験の質との関連を，研究7では体験から生じた感情との関連を，研究8ではソーシャル・サポートとの関連を検討する。

　研究4，5では，楽観性，自己開示動機，自己愛といった個人特性と意味づけの過程との関連を検討し，同化または調節を行いやすい個人を同定した。しかし一方で，個人が同化と調節のどちらの対処を取るかは，重大なネガティブ体験の状況要因の影響も受けることが予測される。つまり，重大なネガティブ体験がどんな体験であったかによって，同化または調節の行いやすさは変わると考えられる。そこで研究6，7，8では，重大なネガティブ体験の状況要因が同化，調節という意味づけの過程に与える影響について検討することを目的とする。重大なネガティブ体験を規定する状況要因は数多くあることが想定されるが，本研究では，以下の3つの観点から研究を行う。3つの観点とはそれぞれ，体験の質（研究6），体験から生じた感情（研究7），ソーシャル・サポート（研究8）である。体験の質とは，重大なネガティブ体験の重大さを規定する要因として想定される，その後の人生への影響の大きさや統制不可能感に加え，ストレス症状の強さについて関連を検討する。体験から生じた感情については，ポジティブ，ネガティブ感情の強さに加え，先行研究でも影響が示唆されている無気力感について関連を検討する。ソーシャル・サポートについては，実際に受けたサポートの量と，サポートに対する認知，感情との関連を検討する。

　体験の状況要因と意味づけの過程との関係について検討することで，重大

なネガティブ体験の状況に応じた支援方策を提供する上での有効な視座を与えることが出来ると考えられる。

研究6，7，8では，統制不可能感の程度や，感情の強さ，ソーシャル・サポートの程度など体験の状況の違いによって，同化または調節の用いられ方がどのように異なるかについて検討することを目的としているため，実際に体験した重大なネガティブ体験について回答を求めることとする。

第1節　同化・調節と体験の質との関連【研究6】

第1項　同化・調節と人生への影響度・統制不可能感の関連【研究6-1】

問題と目的

研究6-1では，状況要因として重大なネガティブ体験の質的側面に着目し，人生への影響度と統制不可能感を取り上げる。人生への影響度とは，重大なネガティブ体験を経験した際に，体験主体がその後の自身の人生にどの程度影響を与えると判断したかを指している。重大なネガティブ体験は，体験当時に限らず，その後の人生において体験主体に大きな影響を及ぼす可能性が考えられる。そこで，人生への影響度の大きさを判断した程度による，その後の対処としての意味づけの過程の違いについて検討することとする。

状況要因として取り上げる2点目の統制不可能感とは，重大なネガティブ体験を自身の努力や能力によって回避することが出来たか否かを表している。重大なネガティブ体験の中には，個人の努力や能力といった働きかけ次第によって経験せずに済むことが出来たと思われる体験もあれば，そうではない体験もあると言える。また，同じような体験であっても，統制可能かどうか判断する程度は体験主体によっても異なることが考えられる。研究2で行った面接調査でも，体験の帰属様式は個人によって様々であることが示されており，Linley & Joseph (2004) が行ったレビューにおいても，重大なネガテ

ィブ体験に対する意味づけに影響を及ぼす変数として統制可能感が挙げられている。そこで，統制不可能感による，その後の対処としての意味づけの違いについて検討することとする。

上記の2変数との関連を検討することで，意味づけの過程に影響を与える状況要因の中でも体験の質的側面から明らかにすることを目的とする。その際，設定した仮説は以下の通りである。

仮説1：その後の人生への影響度とは，体験の重大さを規定する要因の一つと言える。Brandstadter（2002a）が，体験が重大であるほど調節を行うと指摘しているように，その後の人生への影響度が大きいほど，調節を行うと考えられる。

仮説2：重大なネガティブ体験を自身の努力や能力で体験を回避出来ないと捉えた場合は，運など外的要因に帰属することが考えられ，自身の物事の見方や考え方を変容させて体験に関わることは難しいものと思われる。従って，統制不可能感が高いほど，同化を行うと考えられる。

方 法

調査協力者

調査協力者は，関東地方に所在する国立大学の学生261名（男性134名，女性122名，不明5名，平均年齢20.76±4.89歳）であった。

調査時期

2012年5月に実施した。

調査内容

1 重大なネガティブ体験の抽出

調査協力者にとって，これまでに経験した最も重大でネガティブだと思う出来事を抽出するために，問1-1で，重大でネガティブな体験を問う教示文

とその例を提示した。教示は"これからあなたが今までに経験した最も重大なネガティブ体験についてお聞きします。これはあくまで主観的な体験ですので，他の人と比べたり，他の人がどう思うかを気にする必要はありません。以下の例の中から，最もよく当てはまるもの1つを選び，番号に〇をつけてください。"であった。また，研究1をもとに重大なネガティブ体験の例として，"1．学業や進路（試験，面接の失敗など）"，"2．人間関係（失恋，いじめ，不和など）"，"3．喪失（近親者，友人，ペットの死など）"，"4．部活やスポーツ（大会で敗戦，スランプなど）"，"5．病気やケガ"，"6．犯罪被害"，"7．災害"，"8．その他"という領域を用い，選択式で回答を求めた。選択された体験は順に42名（16.1%），100名（38.3%），34名（13.0%），32名（12.3%），22名（8.4%），6名（2.3%），13名（5.0%），6名（2.3%）であった。また不明・未回答が6名（2.3%）であった（資料8．後掲200頁）。

2　同化・調節を通した意味づけの過程

研究3で作成した尺度を用いた（資料7．後掲199頁）。

3　人生への影響度

重大なネガティブ体験が，体験主体のその後の人生にどの程度影響を与えているかについて，主観的な回答を求めた。教示は"問1であげた重大なネガティブ体験は，あなたのその後の人生にどのくらい影響を与えていましたか。最も当てはまるもの1つに〇をつけてください。"であった。回答は7件法（1．ほとんど影響はなかった―7．とても大きな影響を与えた）によって評定を求め，平均得点は4.95±1.83であった。

4　統制不可能感

重大なネガティブ体験を，自身の努力や能力によってどの程度回避することが出来たかについて，主観的な回答を求めた。教示は"問1であげた重大

なネガティブ体験が起こるかどうかは自分自身でコントロールできたと思いますか。あなた自身がどう思っていたか，当てはまるもの一つに○をつけてください。"であった。回答は5件法（1．能力や努力次第で避ける事ができた―5．能力や努力ではどうしようもなかった）によって評定を求め，得点が高いほど統制不可能であったことを表していた。平均得点は2.79±1.48であった。

結　果

人生への影響度・統制不可能感と意味づけにおける同化・調節との関連

人生への影響度と同化・調節との因果関係を検討するために，人生への影響度と統制不可能感を説明変数とし，同化・調節を従属変数とする共分散構造分析を行った（Figure 6-1）。その結果，人生への影響度は調節（$\beta = .38$, $p < .001$）に有意な正の影響を与えており，同化には有意な影響は与えていなかった。統制不可能感は同化（$\beta = .31$, $p < .001$），調節（$\beta = .25$, $p < .001$）ともに正の影響を与えていた。適合度指標は，それぞれ，$GFI = .996$, $AGFI = .981$, $CFI = 1.000$, $RMSEA = .000$と非常に高い値を示した。

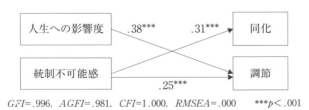

Figure 6-1　人生への影響度・統制不可能感と同化・調節の関連

考　察

研究6-1では同化・調節に影響を与える重大なネガティブ体験の状況要因を明らかにするために，人生への影響度と統制不可能感との関連を検討した。

その後の人生への影響度が大きいと判断されるほど調節を行うことが示され，Brandstadter（2002a）の指摘とも一致する結果となり，仮説1は支持さ

れた。重大なネガティブ体験に対して人生への影響度が大きいと判断することは，その体験を人生におけるターニングポイントの一つと考えている可能性がある。つまり，これまで持っていた自身の物事の見方や考え方を改め，信念や世界観，価値観といったものを改訂していく機会として体験を捉えていると言えよう。このような認知が調節を通した意味づけを促進する結果となったと考えられる。

　また，統制不可能感が高いと，同化，調節どちらの意味づけも促進されることが示された。従って，統制不可能感の高さは同化に正の影響を及ぼすという仮説2とは異なる結果が示された。しかしながら，パスの値を見ると，調節よりも同化への影響の方が大きいことから，統制不可能感が高いほど，同化，調節どちらの意味づけも促進されるが，同化への影響がより大きいということが示され，仮説2は部分的には支持されたと言える。重大なネガティブ体験を自身の努力や能力では統制できないと捉えることは，様々な方略を用いて意味づけを試みようとする対処様式に繋がることが示された。しかしながら，統制が不可能で，不可避な体験となればなるほど，自身の物事の見方や考え方を変容させて適応していくことは難しいと考えられる。そのため，研究3において同化が回避・逃避型コーピングと正の相関があることが示されたように，外的な要因へ帰属するなどして，体験への関与を低くしていくことで，重大なネガティブ体験に対処していく傾向が強くなるものと思われる。

　以上のように，人生への影響度と統制不可能感の観点から，同化と調節に影響を及ぼす状況要因を検討することが出来た。しかし，本研究には課題も残る。それは人生への影響度と統制不可能感はどちらも1項目のみによって測定しており，妥当性が不十分であるということである。そのため研究6-2では，標準化された尺度を用いて検討することとする。

第6章　意味づけの過程に影響を与える状況要因

第2項　同化・調節と心的外傷性ストレス症状の関連【研究6-2】

問題と目的

　研究6-2でも引き続き，状況要因として重大なネガティブ体験の質的側面に着目することとする。体験の質的側面を規定する要因の一つに，体験主体が経験する精神，身体症状の程度が挙げられる。重大なネガティブ体験を経験した際には，人は何らかのストレス症状を呈することが予測される。そして，症状の程度は個人特性として経験されると言うよりも，重大なネガティブ体験の状況によって異なると考えられる。そこで，ストレス症状の程度による，その後の対処としての意味づけの違いについて検討を行うこととする。

　研究6-2では，ストレス症状の中でも心的外傷性ストレス症状を取り上げる。心的外傷性ストレス症状とは，心的外傷後ストレス障害（PTSD）の診断基準に含まれる再体験，回避，覚醒亢進といった症状を表している。意味づけの対象となる重大なネガティブ体験は，必ずしもPTSD症状を呈するわけではないと言われているが（宅，2010），同程度の，または類似した症状を呈する可能性は十分に考えられるため，測定する症状として適切であると判断した。

　心的外傷性ストレス症状との関連を検討することで，意味づけの過程に影響を与える状況要因の中でも体験の質的側面から明らかにすることが本研究の目的である。その際，設定した仮説は以下の通りである。

　仮説：心的外傷性ストレス症状の強さも，体験の重大さを規定する要因であると考えられる。そのため，研究6-1の仮説1と同様の理由から，心的外傷性ストレス症状が強いほど，調節を行うと考えられる。

方　法

調査協力者

　調査協力者は，関東地方に所在する国立大学の学生286名（男性125名，女

性159名,不明2名,平均年齢20.36±1.73歳)であった。

調査時期

2012年10月に実施した。

調査内容

1 重大なネガティブ体験の抽出

研究6-1と同様の手順で,重大なネガティブ体験の抽出を行った。選択された体験はそれぞれ"学業や進路"が48名(16.8％),"人間関係"が122名(42.7％),"喪失"が40名(14.0％),"部活やスポーツ"が36名(12.6％),"病気やケガ"が10名(3.5％),"犯罪被害"が4名(1.4％),"災害"が5名(1.7％),"その他"が12名(4.2％),"不明・未回答"が9名(3.1％)であった(資料8,後掲200頁)。

2 同化・調節を通した意味づけの過程

研究3で作成した尺度を用いた(資料7,後掲199頁)。

3 心的外傷性ストレス症状

心的外傷性ストレス症状の測定には,改訂出来事インパクト尺度(Impact of Event Scale-Revised: IES-R; 飛鳥井, 1999)を用いた。これは Horowitz, Wilner & Alvarez (1979) が作成した Impact of Event Scale を,Weiss & Marmer (1997) が DSM-Ⅳ の刊行に伴い Impact of Event Scale-Revised へと改訂し,それを日本語訳したものである。本研究では,質問項目の語尾を過去形に変え,問1で想起した重大なネガティブ体験を経験した当初,測定項目にあげるような症状についてどの程度強く悩まされていたかを"0.全くなし-4.非常に"の22項目(5件法)によって回答を求めた。IES-Rの項目はPTSDの診断基準である3次元の症状から構成されている。その3

次元とは，"そのときの場面がいきなり頭にうかんできた"など8項目からなる"再体験症状・侵入的想起"と，"そのことを思い出させるものには近寄らなかった"など8項目からなる"回避症状"と，"神経が敏感になっていて，ちょっとしたことでどきっとしてしまった"など6項目からなる"覚醒亢進症状"であった。なお分析には合計得点（$Mean=37.16$, $SD=17.58$, $\alpha=.92$）を用いた。

結　果

IES-Rと意味づけにおける同化・調節との関連

心的外傷性ストレス症状と同化・調節との因果関係を検討するために，IES-Rを説明変数とし，同化・調節を従属変数とする共分散構造分析を行った（Figure 6-2）。その結果，IES-Rは調節（$\beta=.24$, $p<.001$）に有意な正の影響を与えており，同化には有意な影響は与えていなかった。適合度指標は，それぞれ，$GFI=.999$, $AGFI=.996$, $CFI=1.000$, $RMSEA=.000$と非常に高い値を示した。

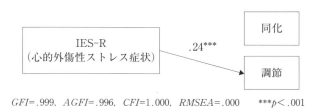

$GFI=.999$, $AGFI=.996$, $CFI=1.000$, $RMSEA=.000$　　***$p<.001$

Figure 6-2　IES-R（心的外傷性ストレス症状）と同化・調節の関連

考　察

研究6-2では同化・調節に影響を与える重大なネガティブ体験の状況要因を明らかにするために，心的外傷性ストレス症状との関連を検討した。

その結果，経験当初の心的外傷性ストレス症状が強いほど，調節を通した意味づけが促進されることが示され，仮説は支持された。これは，強いスト

レス症状を呈するような出来事を経験した場合，自身のこれまで持っていた物事の見方や考え方では状況に対処することが出来ず，それらを変容させながら適応しようとすることが明らかになったと言える。

本研究では，標準化された尺度を用いて，体験の質的側面と同化，調節の関連を明らかにした。しかしながら，本研究にも課題は残っている。本研究で使用した IES-R は，PTSD のスクリーニングにも用いられているように，生命を脅かすような衝撃的な出来事を体験した人を対象としている。そのため，本研究で用いた重大なネガティブ体験では，その基準を満たしていない体験も含まれていることが想定される。今後は，より重症度の高い臨床群を対象とした検討を行い，本研究で示された結果の妥当性を確認する必要があるであろう。また，IES-R は PTSD の診断基準に基づいた尺度構成となっている。PTSD とは本来，再体験，回避，覚醒亢進といった症状が 1 カ月以上続く場合を指しているが，本研究では体験当時の心的外傷性ストレス症状を聴取することに重きを置いたので，重大なネガティブ体験を経験した時点での症状について回答を求めている。その際の平均得点は 37.16 ± 17.58 で，PTSD のカットオフポイントである，24/25 点よりも高い結果となっているが，こうした症状の強さがその後も持続しているかどうかは本研究からはわからない。従って，今後は複数時点での調査を行うことによって，心的外傷性ストレス症状の継時的な変化と意味づけの過程の変化について明らかにしていければ，臨床的意義も大きくなるであろう。

第3項　研究6のまとめ

研究6では，重大なネガティブ体験の状況要因として，体験の質的側面に着目し，その後の人生への影響度，統制不可能感，心的外傷性ストレス症状との関連を検討した。その結果，その後の人生への影響度の大きさや心的外傷性ストレス症状の強さといった体験の重大さを規定する要因に関しては，調節に正の影響を与えることを明らかにした。統制不可能感に関しては，同

化,調節どちらも促進され,様々な対処方略を用いて意味づけしていくことが明らかとなったが,特に同化への影響が大きいことを明らかにした。

第2節　同化・調節と体験から生じた感情との関連【研究7】

第1項　同化・調節とPANASの関連【研究7-1】

問題と目的

　研究7-1では,状況要因として重大なネガティブ体験の経験から引き起こされる感情の種類や程度に着目することとする。人はライフイベントを経験すると,何らかの感情的な反応を示す。特にそのライフイベントが重大なネガティブ体験であった場合は,強い感情体験を経験するものと思われる。このような感情は,悲しみや怒りに代表されるようなネガティブ感情はもちろんのこと,時に前向きな気持ちをもたらすポジティブ感情が生起されることも考えられ,その種類や程度は体験主体によって異なると言える。そこで本研究では,重大なネガティブ体験の経験から引き起こされる感情の内容や程度によって,その後の対処としての意味づけの違いについて検討することとする。

　生起された感情の測定にはPositive and Negative Affect Schedule（PANAS：佐藤・安田,2001）を取り上げる。PANASは,ポジティブ・ネガティブ感情について簡便に測定できる代表的な尺度となっている。

　PANASを用いてポジティブ感情,ネガティブ感情との関連を検討することで,意味づけの過程に影響を与える状況要因の中でも,体験主体の感情的側面から明らかにすることを目的とする。その際,設定した仮説は以下の通りである。

　仮説1：重大なネガティブ体験を経験しながらもポジティブ感情を感じられるということは,少なからず前向きな気持ちになれ,自尊感情が維持され

ているものと思われる。そのため，これまで自身が持っていた物事の見方や考え方を維持しやすいことが予測される。従って，ポジティブ感情を感じられれば，同化を行うと考えられる。

仮説2：反対にネガティブ感情を強く感じると，体験前の自己を否定された感覚がより強くなり，自身の物事の見方や考え方の変容の必要性を，より感じるものと思われる。従って，ネガティブ感情を強く感じるほど，調節を行うと考えられる。

方　法

調査協力者

研究6-1と同様であった。

調査時期

研究6-1と同様であった。

調査内容

1　重大なネガティブ体験の抽出

研究6-1と同様であった（資料8，後掲200頁）。

2　意味づけにおける同化・調節尺度

研究3で作成した尺度を用いた（資料7，後掲199頁）。

3　感情

日本語版 PANAS（佐藤・安田，2001）を用いて測定した。これは Watson, Clark & Tellegen（1988）が作成した尺度の日本語版であり，快と不快は独立した次元を構成するという立場から，ポジティブ感情とネガティブ感情について，簡便に測定できる尺度である。本研究では，質問項目の語尾を過去

第 6 章　意味づけの過程に影響を与える状況要因

形に変え，問1で想起した重大なネガティブ体験を経験した当初，測定項目にあげるような感情についてどの程度強く感じていたかを"1．全く当てはまらない－6．非常によく当てはまる"の6件法で回答を求めた。本尺度は"びくびくした"など8項目からなる"ネガティブ感情"と，"活気のある"など8項目からなる"ポジティブ感情"の2因子からなる16項目で構成されている。因子に相当する項目の平均値を算出し，ネガティブ感情下位尺度得点（$Mean = 1.55$, $SD = .71$, $\alpha = .78$），ポジティブ感情下位尺度得点（$Mean = 3.97$, $SD = 1.04$, $\alpha = .86$）とした。

結　果

PANASと意味づけにおける同化・調節との関連

重大なネガティブ体験を経験した際のポジティブ感情とネガティブ感情と同化・調節との因果関係を検討するために，PANASを説明変数とし，同化・調節を従属変数とする共分散構造分析を行った（Figure 6-3）。その結果，ポジティブ感情は同化への正の影響が有意傾向であり（$\beta = .09$, $p < .10$），ネガティブ感情は調節（$\beta = .25$, $p < .01$）に有意な正の影響を与えていた。適合度指標は，それぞれ，$GFI = .997$，$AGFI = .985$，$CFI = 1.000$，$RMSEA = .000$と非常に高い値を示した。

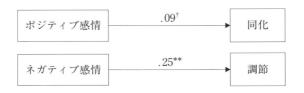

$GFI = .997$, $AGFI = .985$, $CFI = 1.000$, $RMSEA = .000$　　**$p < .01$, †$p < .10$

Figure 6-3　PANASと同化・調節の関連

考　察

研究7-1では同化・調節に影響を与える重大なネガティブ体験の状況要因

を明らかにするために，ポジティブ感情，ネガティブ感情との関連を検討した。

ポジティブ感情を感じるほど，同化を通した意味づけを行う傾向が示され，仮説1は支持された。これは重大なネガティブ体験を経験した時であっても，"活気"や"気合い"といったポジティブ感情が喚起されれば，これまで持ってきた自身の物事の見方や考え方を維持しようとすることが明らかになったと言える。

また，ネガティブ感情を感じるほど，調節を通した意味づけを行うことが示され，仮説2は支持された。これは重大なネガティブ体験を経験したことによる感情の落ち込みが激しいと，これまでの自己を否定された感覚が強くなり，自身の信念や世界観，価値観を変えるきっかけになると思われる。つまり，調節を通した意味づけが促進されると言える。

本研究では感情について簡便に測定できる代表的な尺度であるPANASを用いて意味づけの過程との関連の検討を行った。しかし研究1で他の感情も回答として挙がったように，実際に重大なネガティブ体験を経験した際には，他の感情も生起されると言える。そのため，他の種類の感情との関連の検討も，感情と意味づけの関連を包括的に理解していくには必要であろう。また，重大なネガティブ体験を経験した際には，複数の感情が入り交じって感じられることが，研究2の面接調査からも示唆されている。そのため，ポジティブ，ネガティブ感情といったように，単一の次元として感情を限定的に扱うのではなく，様々な感情の生起を複合的に捉えて検討することも今後は必要となるであろう。

第2項　同化・調節と無気力感の関連【研究7-2】

問題と目的

研究7-2でも引き続き，状況要因として重大なネガティブ体験の経験から引き起こされる感情に着目することとする。研究7-1で関連を検討したネガ

第6章　意味づけの過程に影響を与える状況要因　　　　　　　117

ティブ感情は，主に感情的な落ち込みを表すものであったが，重大なネガティブ体験を経験した際は，研究1で示されたような無気力，絶望感や，研究2で示されたような虚しさや，無力感（Linley & Joseph, 2004）といった意欲の減退を導く感情が引き起こされることも想定される。

　そこで研究7-2では，研究1でも見られた，重大なネガティブ体験を経験したことによる無気力感を取り上げる。無気力感とは，下坂（2001）によれば"日常生活全般で，自分をやる気がないと感じること"と定義され，疲労感，自己不明瞭，他者不信・不満足の3要素から構成されるとしている。これまで無気力感は主に児童・青年期における問題行動の原因として論じられており，学校適応感（例えば，下坂，2001など）や大学生のアパシー傾向（例えば，下山，1995，1997など），親子関係（例えば，小野寺，2009など）等との関連について研究が行われてきた。しかし一方で，こうした感情は，受験や友人関係の躓きなどのライフイベントが影響を及ぼすことも言われており（下坂，2001），本研究で扱うような重大なネガティブ体験を契機としても，無気力感は経験されると考えられる。例えば，これまでずっと打ち込んできたスポーツなどの大事な大会で負けた後は，強い落ち込みや悲しみといった感情が生起されると同時に，意欲ややる気がなくなり，何事に対しても気持ちが入らなくなるといった感覚も経験されると言えよう。

　これまでに抑うつや不安といったネガティブ感情と意味づけの関連については指摘がなされてきたが，無気力感との関連を検討した研究はない。そこで研究7-2では，重大なネガティブ体験から引き起こされた無気力感の程度による，その後の対処としての意味づけの違いについて検討を行うことを目的とする。その際，設定した仮説は以下の通りである。

　仮説1：調節は，研究3で問題焦点型コーピングと相関関係が見られたように，その出来事に対して積極的に関わり対処していく意味づけである。従って，疲労感を強く感じる場合は，積極的な態度は生まれないため，同化を通した意味づけで対処していくと考えられる。

仮説2：自己不明瞭を感じるということは，自身の信念や価値観，世界観といったものが希薄であると考えられるので，重大なネガティブ体験の経験を通して，それらを変容させていく必要性を感じるものと思われる。従って，自己不明瞭は調節に正の影響を与えると考えられる。

方　法

調査協力者

調査協力者は，大学生299名（男性149名，女性149名，不明1名，平均年齢20.58±1.70歳）であった。

調査時期

2012年10月に実施した。

調査内容

1　重大なネガティブ体験の抽出

研究6と同様の手順で，重大なネガティブ体験の抽出を行った。選択された体験はそれぞれ"学業や進路"が41名（13.7％），"人間関係"が143名（47.8％），"喪失"が37名（12.4％），"部活やスポーツ"が40名（13.4％），"病気やケガ"が11名（3.7％），"犯罪被害"が6名（2.0％），"災害"が6名（2.0％），"その他"が10名（3.3％），"不明・未回答"が5名（1.7％）であった（資料8，後掲200頁）。

2　同化・調節を通した意味づけの過程

研究3で作成した尺度を用いた（資料7，後掲199頁）。

3　無気力感

下坂（2001）が作成した無気力感尺度を用いた。これは無気力の主観的側

第6章　意味づけの過程に影響を与える状況要因

面を測定する尺度で，信頼性と妥当性が確認されている。本研究では，質問項目の語尾を過去形に変え，問1で想起した重大なネガティブ体験を経験した当初，測定項目にあげるような無気力感についてどの程度強く感じていたかを"1．全くあてはまらない－6．かなりあてはまる"の6件法で回答を求めた。本尺度は"私は自分から進んで物事を行う熱意がないと感じた"など現在から将来にかけて自分自身が把握できないことを表す"自己不明瞭（9項目）"と，"私を本当に理解してくれる人はいないと思った"などを他者に対する不信感や不満足感を表す"他者不信・不満足（6項目）"と，"精神的に疲れたと感じた"など日常生活での精神・身体的な疲労感を表す"疲労感（4項目）"の3因子からなる19項目で構成されている。因子に相当する項目の平均値を算出し，自己不明瞭下位尺度得点（$Mean=3.25$, $SD=.68$, $\alpha=.52$），他者不信・不満足下位尺度得点（$Mean=3.10$, $SD=.87$, $\alpha=.61$），疲労感下位尺度得点（$Mean=3.98$, $SD=1.24$, $\alpha=.85$）とした。

結　果

無気力感と意味づけにおける同化・調節との関連

　無気力感と同化・調節との因果関係を検討するために，無気力感尺度の各因子を説明変数とし，同化・調節を従属変数とする共分散構造分析を行った（Figure 6-4）。その結果，疲労感は調節（$\beta=.12$, $p<.05$）に有意な正の影響を与えており，同化には有意な影響は与えていなかった。自己不明瞭は同化（$\beta=-.09$, $p<.10$）に負の影響の有意傾向があり，調節には有意な影響は与えていなかった。適合度指標は，それぞれ，$GFI=.998$, $AGFI=.991$, $CFI=1.000$, $RMSEA=.000$と非常に高い値を示した。

考　察

　研究7-2では同化・調節に影響を与える重大なネガティブ体験の状況要因を明らかにするために，無気力感との関連を検討した。

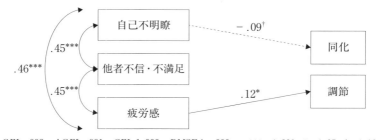

Figure 6-4　無気力感と同化・調節の関連

　疲労感は，調節に対し正の影響を及ぼしていることが示された。従って，仮説1は支持されなかった。仮説では疲労感を強く感じるほど，重大なネガティブ体験に対して積極的な意味づけを行わなくなると考え，同化を通した意味づけが促進されると考えていた。しかしながら，疲労感を強く感じるというのは，それだけ出来事の重大さが大きいとも考えられる。出来事が重大であるほど調節を行うというのは，研究6やBrandstadter（2002a）によって示されており，疲労感も体験の重大さを規定する要因の一つとして捉えることができ，調節と関連が見られたと思われる。

　また，有意傾向ではあるものの，自己不明瞭からは同化に対して負の影響が見られた。仮説では，自己不明瞭は体験を通して新たな物事の見方や考え方を取り入れていく必要性があると感じ，調節を行うと考えた。しかし，本研究の結果からは，自己不明瞭では，自身の物事の見方や考え方を通して意味づけを行う同化をしなくなるという傾向が示された。同化と調節は概念的定義としては反対のことを指しているように捉えることも出来るが，一つの出来事に対し，どちらも行うことは理論的（Block, 1982）にも，本研究の結果からも一貫して示されており，同化を行わなくなることが調節を行うことには繋がらない。従って負のパスが見られたということは，意味づけという対処自体を行わなくなることを示唆するものと言える。本研究は意味づけの

観点のみから検討しているため，他のコーピングについて検討し，自己不明瞭という現在から将来にかけて自分自身が把握できない状態に陥った時に人はどのような方略を用いて重大なネガティブ体験に対処しているのかを明らかにすることが求められる。

他者不信・不満足からは，同化・調節ともに有意な影響は見られなかった。重大なネガティブ体験は，失恋のように他者に対する認知が含まれる体験もあれば，受験失敗のように他者に対する認知があまり関連しない体験もある。このように体験によって項目としては不適格であった場合が想定され，一貫した傾向としては示されず，有意な影響が見られなかったと考えられる。

第3項　研究7のまとめ

研究7では，重大なネガティブ体験の状況要因として，体験から生起される感情に着目し，PANAS，無気力感との関連を検討した。その結果，ポジティブ感情を感じるほど同化を通した意味づけが，ネガティブ感情を感じるほど調節を通した意味づけを行うことが明らかとなった。また，無気力感に関しては，疲労感は調節に正の影響を，自己不明瞭は同化に負の影響を，それぞれ及ぼしていることが明らかとなった。

研究7で同化・調節と関連を検討した変数に関しては，いずれもパスの値は低い結果となっていた。その理由としては，重大なネガティブ体験を経験した際は，複数の感情が入り交じって感じられており，ポジティブやネガティブという単一の次元では，感情について十分に測定できてないことが挙げられる。重大なネガティブ体験を経験した際に複数の感情が生起されるということは研究2の面接調査からも示唆されている。そのため今後は，様々な感情の生起を複合的に捉えて検討することも必要となるであろう。

第3節　同化・調節とソーシャル・サポートとの関連【研究8】

第1項　同化・調節とサポートの入手量・サポートを受けた際の感情の関連【研究8】

問題と目的

　研究8では，状況要因として，重大なネガティブ体験を経験した個人が受けたソーシャル・サポートに着目することとする。

　ソーシャル・サポートとは，コミュニティ心理学者のCaplan（1974 近藤他訳 1979）によって概念化されたものであり，家族や友人，隣人など，ある個人を取り巻く様々な人々からの有形・無形の援助を指すものである。Barrera（1986）によれば，ソーシャル・サポートは，必要な時にサポートが得られるという利用可能性の知覚あるいは将来の予期を表す"知覚されたサポート"と，過去の一定期間内で実際にサポートを他者から得られた経験を表す"実行されたサポート"と，過去にサポートが得られた，あるいは将来サポートが得られると予期される対人関係の存在を表す"サポート・ネットワーク"の3種類に分類されて研究が行われてきた。その中でも，微妙な個人差を反映するためにはサポートを受ける可能性への主観的評価の測定が適していることから，ソーシャル・サポート研究の多くは"知覚されたサポート"の観点から行われてきた。

　"知覚されたサポート"に関する研究によって，ソーシャル・サポートがもたらす，将来のストレス反応に対する緩和効果は明らかにはなってきたものの，重大なネガティブ体験を経験した個人にとって，実際にどのようなサポートが，その後の適応に影響を及ぼすかについては明らかになっていない。また，サポートの利用可能性や予期を持っていたとしても，研究2で行った面接調査において示されたように，重大なネガティブ体験を経験した際には，

自己開示が抑制され，実際には十分なサポートを得られていない可能性も考えられる。

こうした問題点を解決するための観点として，"実行されたサポート"についての検討が挙げられる。"実行されたサポート"に関しては，福岡（1997）がサポートの入手量と，サポートを受けたことによる感情状態の二側面から検討を行っている。なお感情状態については，満足感，負担感・苛立ち，心理的負債感の3つが同定されている。

"実行されたサポート"の研究は，"実際に何をすることが"，"どのように有益なのか"という問いについて，直接的な知見を提供することが出来るものであり（福岡，2007），重大なネガティブ体験からの適応過程を検討する上で，重要な状況要因になると言える。これまでソーシャル・サポートは，Schaefer & Moos（1998）が提唱した人生の危機や転換期におけるポジティブな結果を説明する概念モデルにおいて重要な状況要因であるとされ，サポートが多く得られる者はストレスフルなイベントから防御され（Cohen & Wills, 1985），良好な適応のための重要な社会的リソースである（Diener & Fujita, 1995）ことが言われてきた。また挫折体験の自己受容過程を質的に検討した古木・森田（2009）によれば，挫折体験をした個人は"他者の受容的態度"や"ピアの存在"を通してそれを乗り越えていくことを示唆しており，重大なネガティブ体験の意味づけにおけるソーシャル・サポートの影響や役割は大きいものと言える。

しかしながら，実際にどれくらい，またはどのようなサポートを受けたかによって，体験主体が用いる意味づけの方略が異なるかは明らかになっていない（Joseph & Linley, 2005）。重大なネガティブ体験に直面した場合においても，ソーシャル・サポートを受けることができれば，同化または調節を通した意味づけが促進され，ストレスが低減し，その後の適応が促されると考えられる。

そこで研究8では，ソーシャル・サポートの入手量や，サポートを受けた

際の感情との関連を検討することで，意味づけの過程に影響を与える状況要因を明らかにすることを目的とする。その際，設定した仮説は以下の通りである。

仮説1：ソーシャル・サポートの入手量が多いほど，他者からの多面的な情報や助言が得られるため，自身の物事の見方や考え方が変えやすいことが予測される。つまり，調節を行いやすいと思われる。従って，サポートの入手量は調節に正の影響を与える。

仮説2：サポートを受けた際の感情については，満足感が高いほど，重大なネガティブ体験に対処していく動機づけが高揚し，様々な方略を用いた意味づけが促進されると思われるので，同化，調節どちらも行うようになる。

仮説3：心理的負債感や負担感・苛立ちを感じるほど，他者のサポートを受けいれづらく，または受け入れたくなくなり，自身の物事の見方や考え方を通した意味づけを行うと考えられるので，同化を行うようになる。

方　法

調査協力者
　研究6-2と同様であった。

調査時期
　研究6-2と同様であった。

調査内容
1　重大なネガティブ体験の抽出
　研究6-2と同様であった（資料8，後掲200頁）。

2　同化・調節を通した意味づけの過程
　研究3で作成した尺度を用いた（資料7，後掲199頁）。

3　ソーシャル・サポート

　ソーシャル・サポートに関しては，以下の2つの方法を用いて測定した。

　1つ目は，ソーシャル・サポートの入手量（福岡，1997）である。これは久田・千田・箕口（1989），福岡・橋本（1993）などで用いられている項目を参考にして作成されたものであり，励ましやアドバイス，慰め，愚痴を聞くといった9項目のサポート行動から構成されている。本質問項目の測定方法は，現在親しくしている同性の友人たちとの関係を思い浮かべてもらうものであった。回答は，認知レベルのサポートとして，それぞれの行動をどれくらいしてもらえると思うか（入手可能性）と，自分ではどれくらいしてあげられると思うか（提供可能性）について評定を求め，また実行レベルのサポートとして，過去1カ月間で自分がそれらの行動をどれくらいしてもらったか（入手量）と，自分はどれくらいしてあげたか（提供量）について評定を求めるものであった。しかしながら本研究は，重大なネガティブ体験を経験した際に受けたサポートについて測定することを目的としていたため，実行レベルのサポートである入手量のみを測定した。また，期間に関しても過去1カ月ではなく，重大なネガティブ体験を経験した当初についての回答を求めた。加えて，重大なネガティブ体験を経験した際には様々な他者からのサポートを必要とする可能性があると思われたため，現在親しくしている同性の友人に限定せず，"家族や親しい友人など，あなたと関係している人"を対象として想定してもらった。以上の研究目的に伴い，質問項目の語尾を過去形に変え，教示の一部を変更した。回答は"1．全然…ない─6．たいへん…ある"の6件法によって評定を求めた。なお分析には合計得点（$Mean=3.90$, $SD=1.30$, $\alpha=.94$）を用いた。

　2つ目は，サポート関係における対人感情（福岡，1999）である。これは諸井（1989）と福岡（1997）において用いられた項目を参考に作成されたものである。本研究では，ソーシャル・サポートの入手量と同様の理由で，質問項目の語尾を過去形に変え，教示の一部を変更した。測定項目は，"喜び

を感じる"など5項目から構成される"満足感"と,"重荷に感じる"など3項目から構成される"負担感・苛立ち"と,"申し訳なく思う"など2項目から構成される"心理的負債感"の3因子からなる10項目から構成されている。回答は"1. 全くそうでない―6. たいへんそうである"の6件法によって評定を求めた。因子に相当する項目の平均値を算出し,満足感下位尺度得点(Mean=3.91, SD=1.31, α=.93),負担感・苛立ち下位尺度得点(Mean=2.07, SD=1.01, α=.84),心理的負債感下位尺度得点(Mean=3.31, SD=1.38, α=.70)とした。

結　果

ソーシャル・サポートの入手量と意味づけにおける同化・調節との関連

　ソーシャル・サポートを受けた程度と同化・調節との因果関係を検討するために,ソーシャル・サポート入手量を説明変数とし,同化・調節を従属変数とする共分散構造分析を行った(Figure 6-5)。その結果,ソーシャル・サポート入手量は調節に有意な正の影響を与えており(β = .13, p < .05),同化には有意な影響は与えていなかった。適合度指標は,それぞれ,GFI=1.000, AGFI=.998, CFI=1.000, RMSEA=.000と非常に高い値を示した。

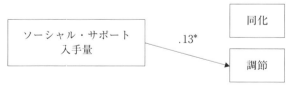

GFI=1.000, AGFI=.998, CFI=1.000, RMSEA=.000　　*p<.05

Figure 6-5　ソーシャルサポート量と同化・調節の関連

サポート関係における対人感情と意味づけにおける同化・調節との関連

　ソーシャル・サポートの捉え方と同化・調節との因果関係を検討するために,サポート関係における対人感情を説明変数とし,同化・調節を従属変数

とする共分散構造分析を行った（Figure 6-6）。その結果，満足感は調節（$\beta = .14$, $p < .05$）及び同化（$\beta = .13$, $p < .05$）に有意な正の影響を与えており，心理的負債感は調節に（$\beta = .15$, $p < .01$）有意な正の影響を与えていた。その他には，有意な影響は見られなかった。適合度指標は，それぞれ，$GFI = .990$, $AGFI = .964$, $CFI = .984$, $RMSEA = .048$であり，モデルは概ね適合していることが示された。

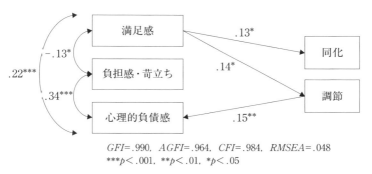

$GFI = .990$, $AGFI = .964$, $CFI = .984$, $RMSEA = .048$
***$p < .001$, **$p < .01$, *$p < .05$

Figure 6-6　サポート関係における対人感情と同化・調節の関連

考　察

研究8ではソーシャル・サポートの中でも，"実行されたサポート"に焦点を当てて，同化・調節との関連を検討した。その結果，サポート量およびサポートを受けた際の感情ともに，意味づけの過程に影響を及ぼしていることが示された。

サポート量は，調節に対し有意な正の影響を与えていたことが示され，仮説1は支持された。ソーシャル・サポートを多く受けるということは，重大なネガティブ体験を開示することも多くなることが想定される。その結果，体験と繰り返し向き合う機会が得られ，他者からのアドバイスや励ましを受ける中で，自身の物事の見方や考え方を変容させていくものと思われる。これはJoseph & Linley（2005）が調節を行うには周囲の支持的な環境が必要で

あるとの指摘と一致しており，研究5で自己開示動機の内容に関わらず，自己開示すること自体が調節を促すという結果とも一致している。しかしながら，サポート量から調節の影響は有意ではあるものの，許容される程度の値であった。この結果が示すことは，ソーシャル・サポートは単に量が多いからといって，強く調節を促すわけではないということである。本研究で測定したサポート量の中には，愚痴を聞くことや一緒に気晴らしをするといった内容も含まれており，これらは重大なネガティブ体験を経験した個人に対し新たな物事の見方や考え方を提供するものではないと言える。また十分なサポート量があったとしても，それらをどれだけ有益と捉え，自己の信念や価値観，世界観の変容の契機とするかが意味づけの過程を決める上では重要であり，サポートに対する認知的判断が媒介するものと思われる。

　サポートを受けた際の感情については，満足感は同化，調節どちらにも有意な正の影響を与えていたことが示され，仮説2は支持された。ソーシャル・サポートに対してポジティブ感情を経験すると，そのまま自身の物事の見方や考え方を肯定された感覚を持ち，同化を通した意味づけが促進される場合と，他者からの有益なアドバイスや励ましを受けて，自身の物事の見方や考え方を変えていく必要性を感じ，調節を通した意味づけが促進される場合の，どちらの過程も経ていく可能性があることが示されたと言える。

　心理的負債感は調節に有意な正の影響を与え，負担感・苛立ちは同化，調節ともに有意な影響を与えないことが示され，仮説3は支持されなかった。心理的負債感とは，ソーシャル・サポートを提供してくれた他者に対して申し訳なさを感じる，サポートを受けている自分のことを恥ずかしく思うといったことを表す感情のことである。こうした感情を経験することによって，現在の自己のままでいるわけにはいかないと思い，これまでの物事の見方や考え方を変える方向へと意味づけを行うものと考えられる。従って調節が促進されるという結果が示されたと言える。一方で負担感・苛立ちに関しては，同化，調節どちらにも影響を与えていなかった。ソーシャル・サポートに対

し負担や憤りを感じることは，意味づけの過程を方向づけることには繋がらないことが示されたと言える。

　結果をまとめると，サポート量の結果からは調節に対しての影響しか見られなかったが，サポートを受けた際の感情の結果では，同化に対する影響も見られている。このことから，ソーシャル・サポートを受けること自体も意味づけの過程を規定する要因になると言えるが，受けたサポートを自己の中でどのように捉え感じているかによって，意味づけの過程は異なってくることが示されたと言える。

　本研究を通して，"実行されたサポート"が同化・調節に与える影響について明らかとなった。最後に本研究の課題と展望について2点あげる。

　1点目は，本研究ではソーシャル・サポートの入手量に着目したが，例えばHouse（1981）がソーシャル・サポートを情緒的サポート，情報的サポート，道具的サポート，評価的サポートの4つに分類したように，ソーシャル・サポートの内容や機能によって，同化と調節への影響も異なることが考えられる。従って今後は，サポートの量的側面だけではなく，得られたサポートの内容や機能が意味づけの過程に与える影響についても検討し，どのようなストレスフルな状況において，誰からの，どの程度の，どのようなサポートを受けることが有効であるかを明らかにする必要があるであろう。

　2点目は，本研究では測定内容が研究目的に合致していたことから，福岡（1997，1999）の質問項目を採用したが，これらは信頼性，妥当性が十分に検討されていない。従って今後は，標準化された尺度を用いた検討を行い，結果の一般化を試みる必要があるであろう。また，本研究で用いた質問項目は，主に日常生活のストレスを想定して作成されたものとなっている。重大なネガティブ体験を経験した場合のソーシャル・サポートは，これらと質的に異なる可能性も考えられる。例えば，重大なネガティブ体験を経験することは，精神疾患に繋がることもあるので，医療や相談機関など，適切な専門機関の紹介も，ソーシャル・サポートとして重要な要素になってくるものと思われ

る。従って，今後は適格なソーシャル・サポートの測定方法について検討していくことが必要であろう。

以上のように，本研究で得られた知見を基に，今後はより重大なネガティブ体験に特化したソーシャル・サポートの意義や有効性について検討していくことが望ましい。

第2項　研究8のまとめ

研究8では，重大なネガティブ体験の状況要因として，ソーシャル・サポートに着目し，ソーシャル・サポートの入手量と，サポート関係における対人感情との関連を検討した。その結果，重大なネガティブ体験を経験した際に，多くのソーシャル・サポートを受けるほど，調節を通した意味づけを行うことが明らかとなった。またソーシャル・サポートに対して満足感を感じることは，同化・調節どちらの意味づけも促進されることが明らかとなり，心理的負債感を感じることは，調節を通した意味づけを促すことに繋がることが明らかとなった。一方で負担感・苛立ちは意味づけの過程には有意な影響を与えないことが明らかとなった。

ソーシャル・サポートと意味づけの過程の関連については，有意な影響が見られたとしても，パスの値は低いものが多かった。これはソーシャル・サポートの入手量やサポートを受けた際の感情は，自身の物事の見方や考え方の維持または変容の契機の一つとはなるものの，実際に維持または変容と判断するには，サポートの内容を自身にとってどれだけ有益または無益と捉えるかという，ソーシャル・サポートに対する認知的な判断の影響も大きいからであると考えられる。

研究6・7・8のまとめ

研究6，7，8では，同化や調節に影響を与えると推測される重大なネガティブ体験の状況要因について実証的な検討を行った。

第 6 章　意味づけの過程に影響を与える状況要因

　その結果，体験の質的側面に着目した研究 6 では，その後の人生への影響度の大きさや心的外傷性ストレス症状の強さといった体験の重大さを規定する要因に関しては，調節に正の影響を与えることが明らかとなった。統制不可能感に関しては，同化，調節どちらも促進され，様々な対処方略を用いて意味づけしていくことが明らかとなったが，特に同化への影響が大きいことを明らかにした。

　体験から生じた感情に着目した研究 7 では，ポジティブ感情を感じるほど同化を通した意味づけが，ネガティブ感情を感じるほど調節を通した意味づけを行うことが明らかとなった。無気力感に関しては，疲労感は調節に正の影響を，自己不明瞭は同化に負の影響を，それぞれ及ぼしていることが明らかとなった。

　ソーシャル・サポートに着目した研究 8 では，多くのソーシャル・サポートを受けるほど，調節を通した意味づけを行うことが明らかとなった。ソーシャル・サポートに対して満足感を感じることは，同化・調節どちらの意味づけも促進されることが明らかとなり，心理的負債感を感じることは，調節を通した意味づけを促すことに繋がることが明らかとなった。一方で，負担感・苛立ちは意味づけの過程には有意な影響を与えないことが明らかとなった。

　以上のように，重大なネガティブ体験の状況要因によって，同化・調節の行いやすさは影響を受けることが示された。状況要因と意味づけの関連を明らかにしていくことで，重大なネガティブ体験に直面した人に援助する際に，その出来事が起きた状況に応じた支援方策を提供することが出来ると考えられる。今後も，例えば研究 2 で検討した帰属様式の違いなど，より詳細に状況要因と意味づけとの関連の検討を行うことで，状況に応じた適応方法を考えていく際の手がかりが得られると思われる。

　また，研究 4，5 では個人特性と意味づけとの関連を検討したが，個人特性と状況要因の影響を組み合わせての検討は，本研究では実施することが出

来なかった。従って今後は，個人特性と状況要因の相互作用も含めた，同化と調節に影響を与える要因を検討していくことで，意味づけの過程という現象の，より詳細で包括的な解明につながると言えよう。

第7章
意味づけの過程が自己概念の変容に与える影響

    第7章では，同化と調節が自己概念の変容に与える影響について
    検討する。研究9ではPTGと自我同一性の変容との関連を，研究
    10では自己概念と自己感情との関連を検討する。

　研究9，10では，同化と調節という意味づけの過程が，生成された意味に与える影響について，実証的な研究に基づいた知見を提供することを目的とする。ここでは生成された意味を表す変数として，自己概念の変容を取り上げる。自己概念とは，自分自身についての流動的な意識に対応した暗黙の概念構造として想定されるもので（梶田，1988），認知的，情動的，行動的側面を含む比較的包括的な構成概念のことである（榎本，1998）。本研究では自己に対する認知，感情など幅広い意味を含むものとして自己概念という語を用いることとする。

　自己概念の中でも，研究9では，PTGと自我同一性の変容というポジティブな変容に着目し，研究10では自己概念と自己感情というポジティブ，ネガティブ両側面の変容に着目することとする。

　また研究9，10においても，研究2，3と同様の理由で，対象とする重大なネガティブ体験を挫折体験に限定して検討することとする。

　意味づけの過程と生成された意味の関係を具体的に明らかにしていくことは，生成された意味に着目してきた従来の議論の中から生まれた問題点に対して新たな視座を与えうるものであり，重大なネガティブ体験を経験した人への援助や介入を行う上でも有意義であると考えられる。

第1節　挫折体験の意味づけが自己概念の変容に与える影響【研究9・10】

第1項　挫折体験の意味づけが自己概念の変容に与える影響（1）【研究9】

問題と目的

　研究9では，同化・調節との関連を検討する変数として，PTGと自我同一性の変容を取り上げる。PTGは困難な出来事の経験後に個人が獲得あるいは知覚する利益やポジティブな変化を示す代表的な成長概念であり（羽鳥・小玉, 2009），生成された意味の中でも最も体系的な検討がなされてきた代表的な概念であるためである。また，本研究で関連を検討するPTGI（調査では日本語版であるPTGI-Jを使用）はPTG研究において最も広く使用されている尺度である（APA, 2004）。従って，PTGIとの関連を検討することで，他の研究との比較や理論的位置づけが行えると考えた。加えて重大なネガティブ体験は，自我同一性に対して大きな影響を及ぼすことが指摘されており（Joseph & Linley, 2005; Payne et al., 2007），自我同一性の変容は，生成された意味の中でも重要なものとされている（Neimeyer, 2000）。しかし，これまで意味づけの過程と自我同一性の変容との関連については，十分な実証的検討が行われているとは言い難い。従って，研究9では，同化と調節が持つ特徴や機能について，生成された意味を表す代表的な概念であるPTGと，生成された意味を示す概念として重要視されている自我同一性の変容という2つの概念との関連を検討することによって明らかにすることを目的とする。その際に，設定した仮説は以下の通りである。

　仮説1：Joseph & Linley（2005）は調節のみがPTGを導くことを指摘している。しかし挫折体験は，後にはポジティブに捉えられやすい経験であるという神谷・伊藤（1999）の指摘を踏まえ，同化もPTGを導くが，調節の

第7章　意味づけの過程が自己概念の変容に与える影響　　　135

方がより強く導くと考えられる。

　仮説2：自我同一性についても同様に，どちらもアイデンティティの構築を導くが，同化よりも調節の方がその影響は強いと考えられる。

方　　法

調査協力者

　関東地方に所在する国立大学の学生235名（男性118名，女性117名，平均年齢20.20±1.39歳）が調査に参加した。

調査時期

　2010年11月に実施した。

調査内容

1　挫折体験の抽出

　研究3と同様の手順で，挫折体験の抽出を行った。選択された体験はそれぞれ，"学業のこと"が69名（29.4％），"人間関係のこと"が62名（26.4％），"継続してきたこと"が95名（40.4％），"その他"が9名（3.8％）であった。経過年月の範囲は1カ月から122カ月であった。

2　同化・調節を通した意味づけの過程

　研究3で作成した尺度を用いた（資料7，後掲199頁）。

3　PTG

　PTGに関しては，日本語版外傷体験後成長感尺度（以下，PTGI-J）を用いた。この尺度はTaku, Calhoun, Tedeschi, Gil-Rivas, Kilmer & Cann（2007）が作成した，PTGI（Tedeschi & Calhoun, 1996）の日本語版であり，苦難し対処を要する困難な出来事の経験を通した成長の程度を6件法によって測定す

る尺度である。本尺度は尺度全体の内的一貫性が α = .92 と非常に高く（Taku et al., 2007），それをあえて主成分分析により尺度の成分を区分しているため，因子構造が安定しない可能性が指摘されている（田口・古川，2005）。従って，研究9においても，改めて因子構造の検討を行った。Taku et al.(2007) では Varimax 回転による主成分分析を行っているが，本来，主成分分析では回転は行わないことになっている（君山，2006）。そこで田口・古川（2005）と同様に主因子法による分析を行った。その結果，因子の解釈可能性を考慮し，3因子構造が妥当であると判断した。そこで再度分析を行い，複数の因子に高い負荷量を示した4項目を除外し，最終的に3因子を有する17項目を用いた。第1因子は"他人を必要とすることを，より受け入れるようになった"など6項目からなる"他者との関係"，第2因子は"困難に対して自分が対処していけることが，よりはっきりと感じられるようになった"など6項目からなる"前向きな変化"，第3因子は"人生において，何が重要かについての優先順位を変えた"など5項目からなる"精神性的変容および人生に対する感謝"とそれぞれ命名した。なお因子名は Taku et al.(2007) や中山（2008）を参考にした。因子に相当する項目の平均値を算出し，他者との関係下位尺度得点（$Mean=2.69$, $SD=1.47$, $\alpha=.86$），前向きな変化下位尺度得点（$Mean=2.79$, $SD=1.40$, $\alpha=.78$），精神性的変容および人生に対する感謝下位尺度得点（$Mean=2.05$, $SD=1.41$, $\alpha=.67$）とした。

4　自我同一性

自我同一性に関しては，多次元自我同一性尺度（谷，2001）を用いた。これは多次元から同一性の感覚を測定する尺度であり，エリクソンの自我同一性の概念を忠実に再現しようとして精緻な手順で開発された尺度である。本尺度は，5項目からなる"自己斉一性・連続性"，5項目からなる"対自的同一性"，5項目からなる"対他的同一性"，5項目からなる"心理社会的同一性"の4因子20項目で構成されており，7件法で回答を求めた。因子に相

当する項目の平均値を算出し，自己斉一性・連続性下位尺度得点（$Mean=4.82$, $SD=1.46$, $\alpha=.89$），対自的連続性下位尺度得点（$Mean=4.59$, $SD=1.11$, $\alpha=.69$），対他的連続性下位尺度得点（$Mean=4.39$, $SD=1.24$, $\alpha=.78$），心理社会的同一性下位尺度得点（$Mean=4.28$, $SD=1.03$, $\alpha=.64$）とした。本研究では，回答時点での調査協力者の自我同一性について問うのではなく，挫折体験を通して自我同一性にどのような変化が起こったのかを測定することを目的としていた。従って，教示文を"挫折体験を経験した結果，あなたは以下のようなことがどのくらい自分に当てはまると思いますか，それぞれの項目について，最も当てはまるもの一つに◯をつけてください"とした。加えてそれぞれの項目の前に"挫折体験を通して"という語句を，後に"-ようになった"という語句を付け加えた。例えば"自分が望んでいることがはっきりしている"を"挫折体験を通して，自分が望んでいることがはっきりするようになった"と改変した。

結　果

意味づけにおける同化・調節とPTGの関連

　同化，調節とPTGI-Jの各因子との因果関係を検討するために，同化と調節の相関を統制した上で，それぞれを説明変数とし，PTGI-Jの各因子を従属変数とする共分散構造分析を行った（Figure 7-1）。その結果，同化は前向きな変化に有意な正の影響を与えていた（$\beta=.15$, $p<.05$）。調節は他者との関係（$\beta=.19$, $p<.01$），前向きな変化（$\beta=.18$, $p<.05$），精神性的変容および人生に対する感謝（$\beta=.20$, $p<.01$）のすべてに有意な正の影響を与えていた。適合度指標は，それぞれ $GFI=.981$, $AGFI=.942$, $CFI=.923$, $RMSEA=.070$であり，モデルは概ね適合していることが示された。

意味づけにおける同化・調節と自我同一性の関連

　同化，調節と多次元自我同一性尺度の各因子との因果関係を検討するため

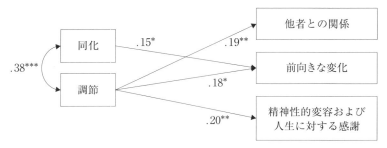

GFI=.981, AGFI=.942, CFI=.923, RMSEA=.070
***p<.001, **p<.01, *p<.05

Figure 7-1　同化・調節がPTGに与える影響

に，同化と調節の相関と多次元自我同一性尺度の各因子間の相関を統制した上で，同化，調節を説明変数とし，多次元自我同一性尺度の各因子を従属変数とする共分散構造分析を行った（Figure 7-2）。その結果，同化からは，有意なパスは引かれなかった。一方で調節は対自的同一性（β = .21, p < .001），心理社会的同一性（β = .16, p < .01）に有意な正の影響を与えていた。適合度指標は，それぞれ GFI = .992, AGFI = .971, CFI = 1.000, RMSEA = .000 と非常に高い値を示した。

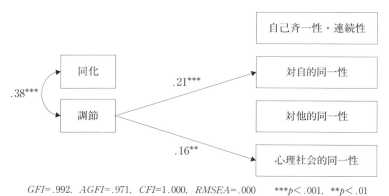

GFI=.992, AGFI=.971, CFI=1.000, RMSEA=.000　　***p<.001, **p<.01

Figure 7-2　同化・調節が自我同一性に与える影響

考 察

　研究9では，同化・調節が持つ特徴や機能を明らかにするために，PTGと自我同一性の変容との関連を検討した。

　調節はPTGのすべての因子に正の影響を及ぼしていた。従って，自身の物事の見方や考え方を変えることを通して重大なネガティブ体験の意味づけを行う個人は，成長感を感じられることが示された。特に他者との関係と関連が示されたことは，人は重大なネガティブ体験を意味づけていく過程で，他者に対する見方や考え方もポジティブな方向へと変わっていくことが示されたと言える。このことについて研究8で得られた知見と合わせて考察すると，重大なネガティブ体験の意味づけの過程は，他者からのサポートの影響を受けるとともに，意味づけもまた，その過程を通して，他者に対する認知を変容させることが明らかになったと言える。また調節は精神性的変容および人生に対する感謝と関連が示された。これは，人は重大なネガティブ体験に対して調節を用いて意味づけすることで，体験そのものだけではなく，これまでの自身や人生についての振り返りも行っていることが示唆されたと言える。つまり，重大なネガティブ体験に対して，調節を通して意味づけを行うことによって，体験した個人は自身の人生を振り返り再考する契機ともなりうると考えられる。

　一方で，同化は前向きな変化にのみ正の影響を及ぼしていた。前向きな変化は同化，調節ともに正の影響を及ぼすことが示された。従ってこれは意味づけの過程に関わらず，挫折体験自体が持つ特徴，性質である可能性も考えられる。つまり，成長感は，意味づけといった体験の認知の仕方に関わらず，重大なネガティブ体験を経験する事自体でも少なからず感じられるのかもしれない。神谷・伊藤（1999）が，過去の挫折体験は，その体験の性質として受容されやすいと指摘しているように，挫折の経験は振り返った時に肯定的に捉えられやすく，それを通した前向きな変化を感じやすいのかもしれない。また，同化は他者との関係には影響を及ぼさなかった。その理由としては，

同化はこれまで自身が持っていた物事の見方や考え方を通して意味づけを行うので，他者の関与を必要としないからであると考えられる．

以上より，調節の方が同化よりも，より強くPTGを導くという仮説1は支持された．

同化，調節と自我同一性の変容との間にはあまり関連が示されなかった．これには2つの理由が考えられる．1つ目は挫折体験前の自我同一性の状況や挫折体験による自我同一性の揺らぎの程度を統制していないことである．自我同一性に関して，体験前の確立の程度や体験による揺らぎの大きさは個人によって異なることが予想され，その程度によって体験後の変容の大きさも異なると考えられる．2つ目は，教示文や項目の改変による影響も考えられる．以下に関連が示された変数について考察を加える．

対自的同一性とは，自己意識の明確さの感覚であり，自分自身が目指すべきもの，望んでいるものなどが明確に意識されている感覚のことを指す（谷，2001）．本研究より，人は重大なネガティブ体験に対して調節を通して意味づけを行うことで，より自分がどうあるべきか，何を望んでいるのかを明確にしていくことが出来る可能性が示された．また心理社会的同一性とは自分と社会との適応的な結びつきの感覚のことを指す（谷，2001）．このことから，調節を通した意味づけは，主観的な感覚ではあるものの，重大なネガティブ体験後の社会適応を高める可能性が示唆された．

一方で，同化は自我同一性に影響を与えなかった．本研究で扱った自我同一性は，挫折体験を通した"変容"について問うたものである．従って，同化では，一時的な自我同一性の揺らぎはあったとしても，最終的には挫折を経験する前にも有していた物事の見方や考え方を通して意味づけていくので，自我同一性の変容は得られなかったことが推察され，本研究では関連が示されなかったものと思われる．

以上より，調節は自我同一性の変容を導くものの，同化は導かないことが示され，仮説2は部分的に支持された．

研究9のまとめ

　研究9では，同化と調節の機能や特徴として主に2点明らかとなった。1点目は，調節，同化どちらもPTGを導くが，調節の方がより強く導くことである。意味づけ研究で最も多く使用されているPTGとの関連を示すことで，本研究で定義した調節と同化を用いる際の理論的位置づけがなされたと考えられる。2点目は，自我同一性に対しては調節のみが関連することである。これまで理論的検討のみで実証的な検討が行われてこなかった自我同一性との関連について一定の示唆を与えたことは，意義があると考えられる。

　しかし，研究9では，重大なネガティブ体験後のポジティブな変化にのみ注目し，ネガティブな変化については検討出来ていない。また，研究9で明らかとなったのは，調節に関する機能や特徴が中心で，同化が持つ機能や特徴については，有意義な知見はあまり得られていない。従って，同化が生成された意味へ与える影響について，より詳細な検討を行うことが望ましい。そこで研究10を実施し，ポジティブな変化，ネガティブな変化両側面から，更なる検討を行う。

第2項　挫折体験の意味づけが自己概念の変容に与える影響（2）【研究10】

問題と目的

　研究9では，意味づけ研究で最も多く使用されているPTGと，その重要性が理論化されているものの実証的な検討がなされてこなかった自我同一性という2つの変数を用いて，同化と調節という意味づけの過程が持つ機能や特徴について明らかにしようと試みた。研究9で実証されたことは，いずれも同化または調節という意味づけの過程を通したポジティブな変容についてであった。しかし，自己観や世界観を揺るがすような出来事は，成長を促進するだけではなく，妨害する可能性もあることが言われている（Boals et al., 2010）。従って重大なネガティブ体験を経験した後の自己の変容として，ポジティブ，ネガティブ両側面の変容を検討することが必要であるという見解

が示されている (Park, 2004)。

そこで研究10では，生成された意味としてポジティブ，ネガティブの両側面の変容を測定できる変数との関連を検討することによって，同化と調節の特徴や機能についてより多面的かつ包括的に明らかにする。

研究10では，生成された意味を示す変数として，ストレス体験を通じた自己概念の変化と自己感情を取り上げる。ストレス体験を通じた自己概念の変化尺度（福岡，2008）は，ポジティブ，ネガティブ両側面についての心理的変化を測定できるため，本研究の目的に合致していると考え，検討することとした。また第7章ではこれまで，主に認知的側面に注目し，関連を検討してきたが，感情面の生成された意味も意味づけの過程が与える影響としては重要であると言える (Steger et al, 2006)。従って，自己感情尺度（松下，2007）を取り上げることで，感情面に与える影響についても明らかに出来ると考えた。なお自己感情尺度も重大なネガティブ体験後の感情面の変化を想定して作成されており，ポジティブ，ネガティブ両側面について測定出来る尺度である。

上記の2変数との関連を検討することで，意味づけの過程の持つ機能や特徴についてより多次元的に捉えることが出来ると考える。その際，設定した仮説は以下の通りである。

仮説1：調節はポジティブな面に影響を与えることが研究2で示されたが，自身の物事の見方や考え方を修正していく過程で，ネガティブな面にも直面化することが考えられる。従って，ポジティブ，ネガティブ両側面に対して正の影響を与える。

仮説2：同化はポジティブな面に与える影響は弱いものの，自身の物事の見方や考え方を修正するような対処はしないので，ネガティブな面に与える影響は弱い。

方　法

調査協力者

　関東地方に所在する国立大学の学生199名（男性141名，女性57名，不明1名，平均年齢19.40±1.83歳）が調査に参加した。

調査時期

　2010年11月下旬に実施した。

調査内容

1　挫折体験の抽出

　研究3と同様の手順で，挫折体験の抽出を行った。選択された体験はそれぞれ，"学業のこと"が64名（32.2%），"人間関係のこと"が53名（26.6%），"継続してきたこと"が72名（36.2%），"その他"が10名（5.0%）であった。経過年月の範囲は1カ月から144カ月であった。

2　同化・調節を通した意味づけの過程

　研究3で作成した尺度を用いた（資料7，後掲199頁）。

3　ストレス体験を通じた自己概念の変化

　自己概念の変化に関しては，ストレス体験を通じた自己概念の変化尺度（福岡，2008）を用いた。これはストレス体験後の自己概念の変化について，肯定的な側面と否定的な側面の両面から捉えようとする尺度で，4件法によって回答を求めた。探索的因子分析を行い，1つの因子にのみ.35以上の負荷量を示した項目を採用した。その結果，福岡（2008）と同様の3因子構造が確認され，"精神的に強くなった"など4項目からなる"成長"と，"生命の大切さを実感するようになった"など5項目からなる"感謝"と，"他人を信用できなくなった"など4項目からなる"否定"と命名した。因子に相

当する項目の平均値を算出し，成長下位尺度得点（*Mean*＝2.79, *SD*＝.73, α＝.82），感謝下位尺度得点（*Mean*＝2.35, *SD*＝.70, α＝.78），否定下位尺度得点（*Mean*＝2.01, *SD*＝.69, α＝.71）とした。

4　自己感情

自己に対する感情の変容に関しては，自己感情尺度（松下，2007）を用いた。本研究では生成された意味の中でも，主に認知的側面に注目してきたが，意味づけの過程は感情的側面にも影響を与えることが言われている（Steger, et al., 2006）。そこでネガティブな経験をした自分をどう感じているかについて測定する自己感情尺度（4件法）を用いることとした。本尺度は信頼性，妥当性の検討がなされていないため，本研究で改めて探索的因子分析を行い，1つの因子にのみ.35以上の負荷量を示した項目を採用した。その結果，因子の解釈可能性を考慮し，3因子構造が妥当であると判断した。因子名は松下（2007）を参考に，"その経験をした自分は他の人に大事にされていると感じる"など5項目からなる"自他連帯感"と，"その経験をした自分は他の人とうまくやっていけないと感じる"など5項目からなる"自他相違感および自己卑下感"と，"その経験をした自分は褒めるに値すると感じる"など5項目からなる"自己高揚感"と命名した。因子に相当する項目の平均値を算出し，自他連帯感下位尺度得点（*Mean*＝2.53, *SD*＝.69, α＝.81），自他相違感および自己卑下感下位尺度得点（*Mean*＝2.00, *SD*＝.64, α＝.79），自己高揚感下位尺度得点（*Mean*＝2.16, *SD*＝.70, α＝.81）とした。

結　果

意味づけにおける同化・調節とストレス体験を通じた自己概念の変化の関連

同化，調節とストレス体験を通じた自己概念の変化尺度の各因子との因果関係を検討するために，同化と調節の相関とストレス体験を通じた自己概念の変化尺度の各因子間の相関を統制した上で，同化・調節を説明変数とし，

ストレス体験を通じた自己概念の変化尺度の各因子を従属変数とする共分散構造分析を行った（Figure 7-3）。その結果，同化は否定に有意な負の影響を与えていた（$\beta = -.42, p<.001$）。一方で，調節は成長（$\beta = .37, p<.001$），感謝（$\beta = .36, p<.001$），否定（$\beta = .21, p<.01$）のすべてに有意な正の影響を与えていた。適合度指標は，それぞれ $GFI = .982, AGFI = .932, CFI = .967, RMSEA = .080$ であり，モデルは概ね適合していることが示された。

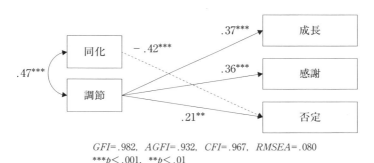

GFI = .982, *AGFI* = .932, *CFI* = .967, *RMSEA* = .080
***p < .001, **p < .01

Figure 7-3　同化・調節がストレス体験を通じた自己概念の変化に与える影響

意味づけにおける同化・調節と自己感情の関連

　同化，調節と自己感情尺度の各因子との因果関係を検討するために，同化と調節の相関と自己感情尺度の各因子間の相関を統制した上で，同化・調節を説明変数とし，自己感情尺度の各因子を従属変数とする共分散構造分析を行った（Figure 7-4）。その結果，同化は自他相違感および自己卑下感に有意な負の影響を与えていた（$\beta = -.20, p<.05$）。一方で，調節は自他連帯感（$\beta = .32, p<.001$），自他相違感および自己卑下感（$\beta = .21, p<.01$），自己高揚感（$\beta = .15, p<.05$）のすべてに有意な正の影響を与えていた。適合度指標は，それぞれ $GFI = .996, AGFI = .968, CFI = 1.000, RMSEA = .007$ と非常に高い値を示した。

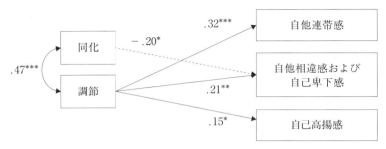

GFI=.996, *AGFI*=.968, *CFI*=1.000, *RMSEA*=.007
***p<.001, **p<.01, *p<.05

Figure 7-4　同化・調節が自己感情に与える影響

考　察

　研究10では，同化・調節が持つ特徴や機能を明らかにするために，自己概念の変化と自己感情との関連を検討した。

　自己概念の変化に関しては，調節は成長と感謝というポジティブな変容と関連が見られたと同時に，否定というネガティブな変容とも正の関連が見られた。研究 9 の結果と同様に，調節を通した意味づけは，自身の持つ物事の見方や考え方を変える過程の中で，成長感を得られることが実証された。加えて，自身の物事の見方や考え方を変えるということは，ポジティブな変容が起こるだけではなく，同時に自身のネガティブな側面にも直面し，変容していくことが示された。それは自身のネガティブな一面に気づくことに加えて，"否定" には "世の中は理不尽だと感じるようになった" といった項目があるように，Janoff-Bulman（1989）が仮定世界の一つとして示した，自己を取り巻く世界に対してもネガティブな考えを持つようになる可能性も考えられる。従って，調節を通した意味づけは，重大なネガティブ体験を通して自身の成長感を得たり，人生や周囲の人々に対する感謝の気持ちが増したりすると同時に，自身や周囲の社会環境に対して，ネガティブな認知を持つことにもつながりうることが示された。

第 7 章　意味づけの過程が自己概念の変容に与える影響　　　　　　147

　一方で，同化は，成長，感謝といったポジティブな変容とは関連が見られなかったものの，否定というネガティブな変容を抑制する機能があることが示された。つまり同化を通した意味づけでは，自身がこれまで持っていた物事の見方や考え方の中で，その出来事を理解していくため，成長感や人生や周囲に対する感謝は感じにくいものの，重大なネガティブ体験を経験したことによるネガティブな影響も抑えることが出来ると考えられる。

　自己感情に関しては，調節を通した意味づけは，他者とのつながりをより強く感じるようになったり，自身の価値を高めるように感じたりすることが示唆された。一方で，他者との距離を感じたり，自身の価値を低めるようにも感じたりすることが示唆され，調節とはこうした相反する感情を生じさせることが示された。これは自己概念の変化の項でも論じたが，自身の持つ物事の見方や考え方を修正，改訂しようと，様々な面からその出来事に，そして自身に関わっていく中で，これまで知覚されなかったポジティブな自己と同様にネガティブな自己も認知するためであると思われる。こうした現象を説明するものとして，重大なネガティブ体験を経験してから意味づけを行っていく"時間"という視点がある。つまり，本研究は横断的研究であり，調査に回答した時点での変容について聞いているため，重大なネガティブ体験から現在までを振り返った中で，結果としてポジティブ，ネガティブどちらの認知，感情も生じていることは考えられる。しかし，それらはほぼ同時期に生じている場合もあれば，時間的にどちらかが先行している可能性も考えられる。今後はこうした調節を通した意味づけの過程から得られる，生成された意味の順序性や連続性を捉えることにより意味づけの過程から生成された意味へのプロセスをより詳細に解明できるものと思われる。なお本研究では生成された意味を感じる程度（ストレス体験を通じた自己概念尺度・自己感情尺度）と経過時間にはすべて有意な相関は見られなかった。従って，生成された意味を獲得するまでの時間は体験主体によって異なることが示唆される。

　一方で，同化を通した意味づけは，重大なネガティブ体験を経験して感じ

るネガティブな感情を抑制することが示された。従って，挫折を体験したあとに同化を通して意味づけを行えば，他者とのつながりや自身に対するポジティブな感情は抱きにくいが，自身の価値を低いものと感じるといったネガティブな感情を感じずに済んだり，低減させたりすることが出来る可能性が示された。

　以上より，自己概念の変化，自己感情ともに調節はポジティブ，ネガティブ両側面に対して正の影響を与えることが示されたため，仮説1は支持された。一方で，同化は，ポジティブな変化に与える影響は弱いものの，ネガティブな変化を抑制する機能があることが示されたため，仮説2は部分的に支持された。

研究10のまとめ

　研究10では，自己概念のポジティブな変容に加え，ネガティブな変容という視点を取り入れ，同化と調節が持つ機能や特徴について検討した。その結果，同化はネガティブな変容を抑制するということが明らかになった。一方で，調節はポジティブな変容を生じさせるものの，ネガティブな変容も促進する結果となった。

研究9・10のまとめ

　本研究では，重大なネガティブ体験の意味づけにおいて，同化と調節という意味づけの過程が生成された意味にどのような影響を与えるのか，実証的に検討することを目的としていた。

　研究9では，同化と調節がPTGと自我同一性の変容に及ぼす影響を検討した。その結果，以下の2点が明らかとなった。1点目は，重大なネガティブ体験を経験した際に，調節を通して意味づけを行う方が，同化を通して意味づけを行うよりも，PTGが示す成長感を得やすいということである。2点目は，自我同一性の変容に対しては調節を通した意味づけのみが正の影響

第7章　意味づけの過程が自己概念の変容に与える影響　　149

を及ぼすということである。さらに，研究10では重大なネガティブ体験を経験した後のポジティブな変容とネガティブな変容の両側面から検討するために，自己概念や自己感情の変容に及ぼす影響を検討した。その結果，研究9で示された結果と同様に，調節を通した意味づけは，成長，感謝，自己高揚感，自他連帯感といったポジティブな変容を導くことが示された。加えて研究10では以下の2点が明らかとなった。1点目は，調節を通した意味づけは，否定，自他相違感及び自己卑下感といったネガティブな変容にも正の影響を及ぼすということである。2点目は，同化を通した意味づけは，自己概念や自己感情に関して，ポジティブな変容とは関連がないものの，ネガティブな変容を抑制するということである。

　以上のことから，同化と調節という意味づけの過程が，生成された意味に与える影響について実証的な知見が提示されたと言える。すなわち，同化を通した意味づけでは，成長感の獲得や自我同一性の変容，自己概念や自己感情の変容といった重大なネガティブ体験後のポジティブな変容への影響は弱いものの，重大なネガティブ体験後の自己のネガティブな変容を抑制することが示された。これまで自身が持っていた物事の見方や考え方を用いて意味づけを行うことで，重大なネガティブ体験が自己のポジティブな変容の契機とはなりにくいものの，自己のネガティブな側面に直面することは避けられると考えられる。また，調節を通した意味づけでは，重大なネガティブ体験後のポジティブな変容は大きいものの，ネガティブな変容も促進されることが示された。これまで自身が持っていた物事の見方や考え方を変えながら意味づけを行うことで，重大なネガティブ体験が成長感を始めとするポジティブな変容の機会となるものの，体験と向きあう中で，自己や周囲の世界に対するネガティブな側面も知覚し，助長されるものと考えられる。

　研究9，10を通して，同化と調節が持つ特徴や機能について，より多次元的に捉えることが出来たものと思われる。特に研究10でネガティブな変容について扱ったことで，同化と調節がそれぞれ異なる機能を持つことが明らか

になったことは，これまでにない新しい知見の提供に繋がったと言える。一方で，研究9，10では，重大なネガティブ体験として，比較的自己の変容の契機となりやすいとされる挫折体験を対象として検討を行った。挫折体験は重大なネガティブ体験の一種に含まれると考えられるが，研究1で得られた重大なネガティブ体験すべてを扱えているわけではないと思われる。従って，今後は研究1で得られた体験も含め，様々な体験に対して，本研究で得られた知見の追試を行うことが必要であると考えられる。

第Ⅲ部　総括

最終章
総合的考察

　最終章では，本研究の結果のまとめを行い，結論と意義を述べる。
そして本研究の限界と今後の展望についてまとめる。

第1節　本研究のまとめ

　本研究で得られた知見について，以下に章ごとにまとめていくこととする。
第1章では，意味づけ研究の概観を行った。まず喪失体験に関する理論モデルをまとめた後に，重大なネガティブ体験の意味づけを説明する Park (2010) の"意味づけモデル"を基に，各概念が表す内容や定義についてまとめた。続いて，意味づけが歴史的にどのような流れで研究されてきたかを概観し，意味づけの過程を解明する重要性と必要性について述べた。そこで本研究では同化と調節という概念に着目することを宣言し，先行研究における3つの問題点を挙げた。それは第一に生成された意味に関する研究結果が一貫していないこと，第二に意味づけの過程に関する測定方法が明確になっていないこと，第三に意味づけの過程に関する実証的知見が不足していることであった。
　第2章では，その問題点に対応するように本研究の3つの目的を設定した。それは同化と調節に関する測度の開発，同化と調節に影響を与える個人特性・状況要因の検討，同化と調節が持つ特徴や機能の検討であった。その後本研究の調査対象，倫理的配慮，調査・分析方法，構成についてまとめた。さらに意味づけという概念の独自性について論じ，臨床，教育，社会的意義がある研究領域であることを述べた。

第3章では，同化と調節に関する実証的検討を行う前段階として，意味づけの対象となる重大なネガティブ体験にはどのようなものがあるか，探索的検討を行った（研究1）。その結果，重大なネガティブ体験は，"学業・進路（仕事）"，"人間関係"，"部活動・スポーツ"，"喪失"，"災害"，"犯罪被害"，"病気・ケガ"の7カテゴリーに分類できることが示された。また，例えば，"部活動・スポーツ"と"悔しい"，"怒り"など，重大なネガティブ体験の内容によって関連が強い感情があることが示唆された。

　第4章では，"意味づけにおける同化・調節尺度"を作成した。研究2で，面接調査による重大なネガティブ体験からの適応過程について検討し，尺度の項目案を選定した。研究3では，21項目からなる尺度の暫定版を作成し，探索的因子分析を行った。α係数を算出し信頼性を確認し，認知的熟慮性・コーピング・体験の重大さを規定する要因との偏相関分析を行うことで構成概念妥当性の検討を行った。最終的に同化7項目，調節7項目の計14項目からなる尺度を作成し，以降のすべての研究で用いることとした。

　第5章では，同化と調節に影響を与える個人特性について検討し，重大なネガティブ体験を経験した際の同化または調節の行いやすさの個人差について明らかにした。研究4では，意味づけ研究において，重大なネガティブ体験からの成長感との関連が強いとされてきた楽観性について検討した。その結果，楽観性は調節を通した意味づけを促すことが示された。しかし，多面的楽観性測定尺度を用いて，様々な楽観性の要素との関連を検討したところ，"割り切りやすさ"が高いと同化を通した意味づけを行いやすく，"楽観的な能力認知"が高いと調節を通した意味づけを行いやすいといった，楽観性のタイプによって意味づけの過程への影響は異なることが明らかになった。続く研究5では，重大なネガティブ体験からの適応過程において，体験主体が他者に対して自己開示をする際の動機づけとの関連を検討した。自己開示動機として"被受容感"と"助言"という動機づけを想定して検討を試みたが，動機づけの内容に関わらず，自己開示を行うと，調節が促されることが示さ

れた。加えて研究5では自己愛との関連も検討した。重大なネガティブ体験を経験することは少なからず自己価値や自尊心が傷つくものと思われる。従って，自己価値や自尊心の傷つきを維持・高揚しようとする心理的制御機能の1つである自己愛の程度は，意味づけの過程にも影響を及ぼすものと考え，検討を試みた。自己愛に関しては，過敏型と誇大型の2種類の自己愛のタイプから検討した結果，誇大型自己愛が高いと，同化を通した意味づけを用いやすいことが示された。

　第6章では，同化と調節に影響を与える状況要因について検討し，重大なネガティブ体験を経験した状況による同化または調節の行いやすさの違いについて明らかにした。研究6では，体験の質的側面に着目し，統制不可能感，その後の人生への影響度，心的外傷性ストレス症状の程度との関連を検討した。その結果，その後の人生への影響度の大きさや心的外傷性ストレス症状の強さといった体験の重大さを規定する要因に関しては，調節に影響を与えることが示された。統制不可能感に関しては，同化，調節どちらも促進され，様々な対処方略を用いて意味づけしていくことが示されたが，特に同化への影響が大きいことが示された。続く研究7では，感情的側面に着目し，ポジティブ・ネガティブ感情の程度や，無気力感の程度との関連を検討した。その結果，ポジティブ感情を感じるほど同化を通した意味づけを，ネガティブ感情を感じるほど調節を通した意味づけを行うことが示された。無気力感に関しては，疲労感を感じるほど調節を通した意味づけを行い，自己不明瞭感を感じるほど同化を通した意味づけを行わなくなることが示された。続く研究8では，重大なネガティブ体験の経験当時のソーシャル・サポートに着目し，サポートの入手量や，サポートを受けた際の感情との関連の検討を行った。その結果，多くのソーシャル・サポートを受けるほど，調節を通した意味づけを行うことが示された。またソーシャル・サポートに対して満足感を感じることは，同化・調節どちらの意味づけも促進されることが示され，心理的負債感を感じることは，調節を通した意味づけを促すことに繋がること

が示された。一方で，負担感・苛立ちは意味づけの過程には有意な影響を与えないことが示された。

　第7章では，同化と調節が自己概念の変容に与える影響について検討し，同化と調節が持つ特徴や機能について明らかにした。研究9では，意味づけ研究において，生成された意味を表す変数として最も多く用いられてきたPTGと，生成された意味として重要視されながらも十分な検討がなされていなかった自我同一性の変容との関連を検討した。その結果，PTGは同化よりも調節を通した意味づけを行った方が強く感じられることが示された。また，自我同一性の変容に関しては，調節は正の影響を与えていたものの，同化は影響を与えていなかった。続く研究10では，研究9においてポジティブな変容との関連しか検討していないという課題を踏まえ，ポジティブ・ネガティブ両側面の変容との関連を，自己概念と自己感情という変数を用いて検討した。その結果，自己概念，自己感情ともに，同化を通した意味づけでは，ポジティブな変容は起こりにくいものの，ネガティブな変容を抑制することが示された。一方で，調節を通した意味づけでは，ポジティブな変容を導くものの，同時にネガティブな変容にも正の影響を与えてしまうことが示された。

　以上より，同化と調節に関する測度の開発，同化と調節に影響を与える個人特性・状況要因の同定，同化と調節が持つ特徴や機能の検討という，本研究の目的を実証的研究によって達成することができた。

第2節　本研究の結論と意義

　本研究は，人が挫折などの重大なネガティブ体験に遭遇した時に，その出来事をどのように考え，受け止め，理解し，乗り越え，人生の中に位置づけていくのか，つまり"意味づけ（Meaning Making）"ていくのかを心理学的に解明することを目指してきた。本研究の独創的な点は，"生成された意味

(Meaning Made)"と適応や精神的健康との関連という先行研究で中心とされてきた視点とは異なり，同化と調節という"意味づけの過程（Meaning Making Processes）"に着目した点である。こうした着想に至った背景には，生成された意味と適応・精神的健康の関連について一貫しない研究結果が提出されるようになってきたことが挙げられる。研究知見の不一致により，生成された意味よりも意味づけの過程こそが重大なネガティブ体験からの適応過程に大きな影響を与えるという示唆を受けて，本研究では理論的展開を図った。そして意味づけの過程の特徴や機能の解明を目的とした研究を行った。

本研究によって明らかにされたことは，大別して4点に集約される。以下にそれらについてまとめ，本研究の結論と意義を論じる。

一般大学生における重大なネガティブ体験の領域の同定

これは意味づけの過程の解明という本研究の大きな目的とは異なり，副次的に行った研究であったが，大変有意義な示唆が得られた。これまで意味づけ研究ではガンやAIDSなどの罹患者やPTSDを伴うトラウマ体験の経験者など臨床群を対象とした研究が中心であった。しかし，一般大学生であっても重大なネガティブ体験を経験した際には，臨床群と同様の心理的反応を示すことが実証されており（Vrana & Lautherbach, 1994），知見の蓄積や介入や支援に向けた臨床的示唆を得るためにはアナログ研究も重要であると考えられる。

従って，研究1によって，一般大学生における7種類の重大なネガティブ体験が同定されたことは大変意義がある。なぜなら，これまで調査に基づき，意味づけの対象としての重大なネガティブ体験の領域を同定した研究は管見の限り存在しないからである。つまり，一般大学生を対象に研究を行おうと考えても，重大なネガティブ体験としてどのような体験を設定したら良いか，その基準や指針はこれまで明らかにされていなかった。そこで，本研究の結果により，一般大学生を対象に意味づけ研究を行う際の，重大なネガティブ

体験の設定基準が提示されたと言える。

意味づけにおける同化・調節尺度の開発

　研究2，3で信頼性と妥当性を備えた"意味づけにおける同化・調節尺度"を作成した。意味づけの過程に関する研究は，仮説生成を目的とした理論的検討が中心で，調査研究であっても意味づけ研究とは異なる研究領域で開発された尺度の援用（Creamer, et al., 1992など）や少数の質問項目を用いた研究に留まっていた。これは同化と調節に関しても同様である。

　本尺度は，先行研究の理論的仮説と一致する結果が示されており，研究4以降で用いた際も同様の因子構造が見られていることから再現性もあると判断される。従って，実証的研究に十分に耐えうると判断でき，意味づけの過程を測定する尺度としては先駆的なものであると言える。しかし，外部変数との関連や，臨床群や異なる年齢層などへの適用可能性など，妥当性に関しては検討の余地が残っている。従って，追試を行い，妥当性の更なる検証と適用範囲の拡大を目指していくことが望ましい。

同化・調節に影響を与える個人特性と状況要因の解明

　研究4，5では同化・調節に影響を与える個人特性を，研究6，7，8では状況要因を検討した。その結果，各概念によって同化・調節に与える影響は異なることが示された。従って，同化と調節の行いやすさには個人差や重大なネガティブ体験が生起した状況が影響することが明らかになった。こうした個人特性や状況要因との関連については，生成された意味に関する研究は見られるものの，意味づけの過程との関連を検討した研究は数少ない。つまり，本研究は従来の意味づけ研究に新たな視座を提供するものであり，学術的意義は大きいと言える。本研究により，意味づけの過程を捉える際は，個人特性や状況要因の影響を考慮する必要があるということが示されたと言える。

本研究を一つ一つ考察すると，同化・調節に影響を与える個人特性・状況要因について，十分に意義のある結果が得られたと考えられる。しかしながら，多くの研究において，同化や調節へのパスの値は低かった。その原因としては，まず設定した要因が不適格で，他に大きな影響を与える変数が存在している可能性が考えられる。そのため，今後も他の要因についての検討が求められる。次に同化と調節は様々な要因が関連しあって影響を与えている可能性が考えられる。そのため複数の個人特性や状況要因の複合的，多角的な検討が求められる。本研究では概念ごとの影響を検討しているため，意味づけを特性論の観点から明らかにすることは出来たと言えるが，様々な要因を加味した類型論の観点からは明らかに出来ていない。今後更なる検討を行い，プロセスについてダイナミックに記述するとともに，より個人特性や状況を考慮した支援方策の提供に向けた示唆を得ることが望ましい。

同化・調節が自己概念の変容に与える影響の解明

　研究9，10では同化と調節が自己概念の変容に与える影響について実証的に検討した。その結果，同化を通した意味づけでは，成長感の獲得や自我同一性の変容，自己概念や自己感情の変容といった重大なネガティブ体験後のポジティブな変容への影響は弱いものの，重大なネガティブ体験後の自己のネガティブな変容を抑制できることが示された。また，調節を通した意味づけでは，重大なネガティブ体験後のポジティブな変容は大きいものの，ネガティブな変容も促進されることが示された。以上をまとめると，同化を通した意味づけは，重大なネガティブ体験が自己のポジティブな変容の契機とはなりにくいものの，自己のネガティブな側面に直面することは避けられると考えられる。一方で，調節を通した意味づけは，重大なネガティブ体験が成長感を始めとするポジティブな変容の機会となるものの，体験と向きあう中で，自己や周囲の世界に対するネガティブな側面も知覚し，助長されるものと考えられる。

本研究で示された知見は，臨床的な介入や支援に向けて重要な示唆を与えるものである。つまり，人が重大なネガティブ体験を経験した時に，まずは自身のネガティブな面と向き合わずに，精神的な落ち着きやネガティブ感情の抑制を望むのであれば同化を通した意味づけを促す働きかけが必要で，体験を契機としたポジティブな変容を望むのであれば調節を通した意味づけを促す働きかけが必要であることが明らかになった。本研究で得られた知見を活用し，今後は同化または調節を促進する介入方法を開発し，体験主体に合った支援を提案していくことが望ましい。

　本研究は，これら４点について，従来の意味づけ研究が対象としてきた臨床群ではなく，一般大学生を対象として検討を試み，明らかにしてきた。一般大学生を対象としたことによって，本研究で得られた知見は，様々な人や出来事等，社会生活における汎用性が高いと考えられる。

　重大なネガティブ体験とは，日常生活で経験されることは少ないが，同時にこれまでの人生で全く経験したことがないという人も，いないのではないであろうか。また，重大なネガティブ体験とは，少なからず体験主体の世界や物事の捉え方，考え方，そして生き方を変えうるもので，ひいてはその後の人生に大きな影響を与えるものであると考えられる。そして，意味づけとは，重大なネガティブ体験を通したこれらの変容において重要な役割を担う営みであると言えよう。

　重大なネガティブ体験からの適応過程において，本研究によって明らかとなった意味づけの過程が果たす役割は，同化と調節で異なるものであった。まず，同化とは，重大なネガティブ体験を経験した際のネガティブな変容を抑制するという働きがある。つまり，同化とは言わば"鎮痛薬"としての役割を担う意味づけの過程であると言えよう。この対処が有効なのは，ひとつは体験による傷つきが大きく，対処が難しい場合が考えられる。また，体験への対処もさることながら，まずは現実場面に適応し，体験前の生活に戻ること，つまりベースラインの回復が優先される場合も同化が有効であろう。

このような場合は，"鎮痛薬を飲む（＝同化）"ことで，ひとまず体験による傷つきを緩和させ，体験前の社会生活に戻る準備をすることが出来ると考えられる。一方で，調節とは，重大なネガティブ体験を経験した際のポジティブな変容と同時にネガティブな変容も導くという働きがある。つまり，調節とは言わば"諸刃の剣"としての役割を担う意味づけの過程であると言えよう。この対処が有効なのは，重大なネガティブ体験を，人生の糧とし，成長していきたいと強く望んでいる場合が考えられる。また，ネガティブな変容という更なる傷つきがあったとしても，それに対する覚悟や，支えてくれる環境がある場合も調節は有効であろう。このような場合は，"諸刃の剣を使って戦う（＝調節）"ことで，傷つきながらも体験を通した成果を得ることが出来ると考えられる。

　こうした同化と調節も，人は自由に使い分けているというよりは，様々な要因によって，用いられ方は影響を受けていると言える。その要因について，本研究によって一部明らかとなったのが，個人特性と状況要因による影響である。また，未検討課題として示唆されるものとして，体験からの時間経過や発達段階がある。これらの傾向や程度によって，同一人物または同一の体験であっても同化と調節の用いられ方は異なると言える。しかし，どんなに多くの要因について網羅的に検討したとしても，同化と調節に影響を与える要因についての必要十分条件はないものと思われる。それは，重大なネガティブ体験の意味づけとは，その場限りの対処だけではなく，体験主体が持つ物事の見方や考え方，これまでの生き方に対する認知や感情，思考，人生経験等，あらゆるものを投入して対処していくからである。従って，本研究においても，様々な要因を用いて検討し，傾向や示唆を得ることが出来たが，同化または調節を用いやすい，明確な人物像や状況・文脈を描ききれてはいない。しかしながら，様々な角度から同化と調節に影響を与える要因について検討を重ね，その人，その状況において有効な意味づけの過程について丹念に明らかにしていくことは，重大なネガティブ体験を経験した人に対する，

支援やケアを考える際には必要不可欠な作業であると考えられる。

第3節　本研究の限界と今後の展望

　本研究では，重大なネガティブ体験の意味づけについて，同化と調節という意味づけの過程に着目し，同化・調節に影響を与える要因や，同化・調節が持つ特徴や機能について様々な知見を得ることが出来た。しかしながら，研究の方法論や対象についての限界や，今後更なる検討が求められる課題が残されているのも事実である。以下に本研究の限界と今後の展望について2点まとめることとする。

回顧法を用いた横断的研究であること
　第一に，本研究で行った実証的研究はすべて回顧法を用いた横断的研究であるという方法論としての限界がある。本研究では，Park（2010）による，重大なネガティブ体験の初期の意味づけがほとんど検討されていないという指摘や，Jeavons et al.(2000) による，体験の初期の認知が，その後のストレスと強い関連を示しており，重大なネガティブ体験に対する初期の意味づけを検討することは，意味づけのプロセスを明らかにしていく上で，未検討かつ重要な視点であるという指摘を受けて，回顧法及び自己報告式調査によって重大なネガティブ体験を経験した当初の意味づけについて回答を求めた。従って，本研究から得られた知見は十分に意義があると言える。しかしながら，過去の記憶に遡って回答を求めることは，回答者のバイアスを完全に排除することができず，回答の妥当性や信頼性は十分であるとは言えない。加えて，意味づけの過程は時間の経過とともに断続的に変化していく可能性があるものとされているため（Janoff-Bulman, 1992），明確な因果関係までは結論付けることは出来ない。
　従って，今後は重大なネガティブ体験の直後から現在に至るまで複数の時

点での意味づけを測定する縦断的研究によって，今回得られた示唆の確認を行うことが求められる。また，実施には困難を伴うが，重大なネガティブ体験が起こる前からの査定も含めたプロスペクティブな研究デザインも，意味づけのダイナミックなプロセスを捉え，解明するためには必要とされている（Park, 2010）。

意味づけのモデルの部分的検討に留まっていること

　第二に，本研究では同化と調節に影響を与える個人特性・状況要因の検討や，同化と調節が生成された意味に与える影響の検討といった，Park（2010）の意味づけモデルに基づき，モデルの部分的な検討を行った研究から構成されており，モデル全体の検討が出来ていないという限界がある。モデル全体の検討は意味づけという現象を包括的に捉える上でも重要であり，以下の4点について考慮した検討が求められるものと言える。

　1点目は，同化と調節という意味づけの過程が始まる前提として，仮定世界の揺らぎの程度について検討する必要がある。本研究では重大なネガティブ体験や挫折体験の中でも，"最も"大きな体験について回答を求めることによって，仮定世界の揺らぎがあるものと仮定していたが，実際の測定は行っていない。仮定世界の揺らぎの程度は，意味づけのはじまりにおいて重要であるので，今後は詳細な検討が求められる。

　2点目は，同化と調節の関連性について明らかにしていくことが求められる。Payne et al. (2007) が，同化と調節は行ったり来たりを繰り返すと指摘しているように，同化と調節は相互に排他的なプロセスではなく，1つの体験に対して同時に起こるとされている（Block, 1982）。このことは本研究でも一貫して同化と調節の間に正の相関関係が示されたことからも確証される。しかし，前述の通り，本研究では横断的研究によって行われたため，"時間"の影響を示すことは出来ない。従って，今後は同化と調節を，1つの体験に対して単純にどちらも起こると考えるのではなく，生起する順序や連続性，

同化から調節または調節から同化への発展性といった両者の関連を明らかにしていく必要がある。

　3点目は，最終章第2節でも述べたが，意味づけの過程に影響を与える要因として，個人特性と状況要因の相互作用も含めた検討が求められる。この点については，非常に多くの要因が影響しているものと思われるため，適切かつ必要十分な要因を選定することは難しい。従って，重大なネガティブ体験の性質に準拠して要因を設定することが肝要であると言える。例えば，"部活動・スポーツ"に関する重大なネガティブ体験であれば，達成動機などの個人特性の影響と，内的・外的要因といった体験の帰属という状況要因の影響を検討することによって，当該領域において重要度の高いと思われる要因の相互作用について明らかにすることが出来ると思われる。

　4点目は，調査対象者を拡張し，Park（2010）のモデルについて確認，検討するともに，本研究の知見の適用可能性を明らかにしていく必要がある。本研究は一般大学生を対象とした重大なネガティブ体験の意味づけについて，同化と調節の観点から検討することを目的としており，実証的研究によって一定の成果を示すことが出来た。今後は，本研究から示唆された知見を活用し，様々な年齢層や発達段階に対して検討を重ねることも意味づけ研究の発展には有効であろう。具体的に述べると，同化とは自身が既に持っている信念や世界観，価値観といった物事の見方や考え方に当てはめて，体験の意味づけを行っていくものであり，調節とは既存の信念，世界観，価値観を，直面した物事に合わせて変容させて体験の意味づけを行っていくものである。そのため，同化を行うか調節を行うかは，本人の信念や世界観，価値観といった物事の見方や考え方の広さや深さに起因すると思われる。そして，その広さや深さは，いかにこれまで重大なネガティブ体験を経験してきたかによっても養われていくものと考えられる。つまり，多くのことを経験した人ほど，同化により対処できる体験が多いことが想定され，反対に，様々な経験に乏しい人ほど，調節をする傾向にあるのではないかと考えられる。以上の

ような仮説を確認するためにも，調査対象者を様々な年齢層や発達段階に設定して検討を行い，モデルの適用範囲の拡大を目指すことが望ましい。また，研究1で示したような重大なネガティブ体験について，重篤な疾患や極めて辛くストレスフルな死別，被災，犯罪被害経験等を体験した者をスクリーニングし，臨床群を対象とした詳細な検討を行うことで，それぞれの体験ごとに，より効果的な心理学的介入や援助を行うための示唆を得ることが出来るものと考えられる。

　以上の4点を踏まえ，重大なネガティブ体験の経験から，仮定世界の揺らぎが起こり，個人特性や状況要因によって意味づけの過程（同化と調節）は影響を受け，意味づけの過程を通した結果，自己の変容や精神的健康，適応の回復といった生成された意味が獲得されるという一連のプロセスを示すことが出来れば，意味づけという現象全体の理解と解明に繋がると言える。

　本研究では意味づけの過程に影響を与える要因や，意味づけの過程が持つ特徴や機能など，重大なネガティブ体験を経験した個人が経る意味づけのプロセスや，プロセスを通した個人の変容の一端が示されたにすぎない。しかしながら，本研究は，これまで実証的な知見が少なかった意味づけの過程に着目した点において，新たな視座を提供するものであり，学術的意義は大きいものと思われる。

　意味づけという概念は，重大なネガティブ体験からの適応過程を説明する上での重要かつ有意義な示唆を提供しうるものである。本研究で示された知見が，今後の意味づけ研究の発展の一助となることが望まれる。

引 用 文 献

Abraido-Lanza, A.F., Guier, C., & Colon, R.M. (1998). Psychological thriving among Latinas with chronic illness. *Journal of Social Issues*, **54**, 405-424.

Affleck, G., Tennen, H., & Gershman, K. (1985). Cognitive adaptations to high-risk infants: The search for mastery, meaning, and protection from future harm. *American Journal of Mental Deficiency*, **89**, 653-656.

安藤史高・中西良文・小平英史・江崎真理・原田一郎・川井加奈子・小川一美・崎濱秀行 (2000). 多面的楽観性測定尺度の作成 名古屋大学大学院教育発達科学研究科紀要心理発達科学, **47**, 237-245.

安藤清志 (1986). 対人関係における自己開示の機能 東京女子大学紀要"論集", **36**, 167-199.

安藤清志 (2009). 否定的事象の経験と愛他性 東洋大学社会学部紀要, **47**, 35-44.

American Psychiatric Association (1980). *Diagnostic and statistical manual of mental disorders 3rd ed.* Washington DC: Author.

American Psychological Association (2004). *The road to resilience.* Retrieved November 13, 2010, from<http://apahelpcenter.org/featuredtopics/feature.php?id=6>(November, 26, 2013)

飛鳥井望 (1999). 不安障害外傷後ストレス障害 (PTSD) 臨床精神医学 増刊号, **28**, 171-177.

飛鳥井望・西園マーハ文 (1998). CAPS PTSD 臨床診断面接尺度 (DSM-IV版) 東京都精神医学総合研究所・社会精神医学研究部門

Austin, J.T., & Vancouver, J.B. (1996). Goal constructs in psychology: Structure, process, and content. *Psychological Bulletin*, **120**, 338-375.

Barrera, M.Jr. (1986). Distinction between social support concepts, measure, and models. *American Journal of Community Psychology*, **14**, 413-445.

Block, J. (1982). Assimilation, accommodation, and the dynamics of personality development. *Child Development*, **53**, 281-295.

Bluck, S. & Habermas, T. (2001). Extending the study of autobiographical memory: Thinking back about life across the life span. *Review of General Psychology*, **5**,

135-147.

Boals, A., Steward, J.M., & Schuettler, D. (2010). Advancing our understanding of posttraumatic growth by considering event centrality. *Journal of Loss and Trauma*, 15, 518-533.

Bonanno, G.A., & Kaltman, S. (1999). Toward an integrative perspective on bereavement. *Psychological Bulletin*, 125, 760-776.

Bonanno, G.A., Wortman, C.B., & Nesse, R.M. (2004). Prospective patterns of resilience and maladjustment douring widowhood. *Psychology and Aging*, 19, 260-271.

Bower, J.E., Kemeny, M.E., Taylor, S.E., & Fahey, J.L. (1998). Cognitive processing, discovery meaning, CD4 decline, and AIDS-related mortality among bereaved HIV-seropositive men. *Journal of Consulting and Clinical Psychology*, 66, 979-986.

Brandstadter, J. (2002a). Searching for paths to successful development and aging: Integrating developmental and action-theoretical perspectives. In L. Pulkkinen & A. Caspi (Eds.), *Paths to successful development: Personality in the life course*. New York, NY: Cambridge University Press pp. 380-408.

Brandstadter, J. (2002b). Protective processes in later life: Maintaining and revising personal goals. In C. VonHofsten, & L. Backman (Eds), *Psychology at the turn of the millennium, vol. 2: Social, development, and clinical perspectives*. Florence, KY: Taylor & Francis/Routledge pp. 133-152.

Brenda, G., Skaggs, B.G., Cecilia, R., & Barron, C.R. (2006). Searching for meaning in negative events: concept analysis. *Journal of Advanced Nursing*, 53, 559-570.

Burnell, G.M., & Burnell, A.L. (1989). *Clinical management of bereavement: A handbook for healthcare professionals*. New York: Human Sciences Press Inc.

Calhoun, L.G., & Tedeschi, R.G. (Eds.) (2006). *Handbook of posttraumatic growth: Research and practice*. Mahwah, NJ: Erlbaum.

Cann, A., Calhoun, L.G., Tedeschi, R.G., & Solomon, D.T. (2010). Posttraumatic growth and depreciation as independent experiences and predictors of well-being. *Journal of Loss and Trauma*, 15, 151-166.

Caplan, G. (1974). *Support system and community mental health: Lectures on concept development*. Pasadena, CA: Behavioral publications. (キャプラン, G. 近藤喬一・増野肇・宮田洋三郎（訳）(1979). 地域ぐるみの精神衛生　星和書店)

Carver, C.S., & Antoni, M.H. (2004). Finding benefit in breast cancer during the year after diagnosis predicts better adjustment 5 to 8 years after diagnosis. *Health Psycology*, 23, 595, 598.

Carver, C.S., & Scheier, M.F., (1998). *On the self-regulation of behavior.* New York, NY: Cambridge University Press.

Cohen, S. & Wills, T.A. (1985). Stress, social support and the buffering hypothesis. *Psychological Bulletin*, 98, 310-357.

Creamer, M., Burgess, P., & Pattison, P. (1992). Reaction to trauma: A cognitive processing model. *Journal of Abnormal Psychology*, 101, 452-459.

Creawell, J.D., Lam, S., Stanton, A.L., Taylor, S.E., Bower, J.E., & Sherman, D.K. (2007). Does self-affirmation, coginitive processing, or discovery of meaning explain cancer-related health benefits of expressive writing? *Personality and SocialPsychology Bulletin*, 33, 238-250.

Davis, C. & Morgan, M. (2008). Finding meaning, perceiving growth, and acceptance of tinnitus. *Rehabilitaton Psychology*, 53, 128-138.

Davis, C., Nolen-Hoeksema, S., & Larson, J. (1998). Making sense of loss and benefiting from the experience: Two construals of meaning. *Journal of Personality and Social Psychology*, 75, 561-574.

Davis, C., Wortman, C.B., Lehman, D.R., & Silver, R. (2000). Searching for meaning in loss: Are clinical assumptions correct? *Death Studies*, 24, 497-540.

Dember, W.M., Martin, S.H., Hummer, M.K., Howe, S.R., & Melton, R.S. (1989). The measurement of optimism and pessimism. *Current Psychology: Research & Reviews*, 8, 102-119.

Diener, E. & Fujita, F. (1995). Resources personal strivings, and subjective well-being: A nomothetic and ideographic approach. *Journal of Personality and Social Psychology*, 68. 926-935.

Dirksen, S.R. (1995). Searching for meaning in long-term cancer survivors. *Journal of Advanced Nursing*, 21, 628-633.

Draucker, C.B. (1989). Cognitive adaptation of female incest survivors. *Journal of Consulting and Clinical Psychology*, 57, 668-670.

Ehlers, A., & Clark, D.M. (2006). Predictors of chronic posttraumatic stress disorder: Trauma memories and appraisals. In B.O. Rothbaum (Ed.), *Pathological anxiety: Emotional processing in ethiology and treatment* (pp. 39-55). New

York, NY: Guilford.
榎本博明（1997）．自己開示の心理学的研究　北大路書房
榎本博明（1998）．「自己」の心理学―自分探しへの誘い―　サイエンス社
Fife, B. (1995). The measurement of meaning in illness. *Social Science & Medicine*, 40, 1021-1028.
Fife, B.L. (2005). The role of constructed meaning in adaptation to the onset of life-threatning illness. *Social Science & Medicine*, 61, 2132-2143.
Fjelland, J.E., Barron, C.R.. & Foxall, M. (2007). A review of instruments measuring two aspects of meaning: Search for meaning and meaning in illness. *Journal of Advanced Nursing*, 62, 394-406.
Folkman, S. (1997). Positive psychological state and coping with severe stress. *Social Science & Medicine*, 45, 1207-1221.
Folkman, S., & Lazarus, R.S. (1988). *The Ways of Coping Questionnaire*. Palo Alto CA: Consulting Psychologists Press.
Folkman, S., & Moskowitz, J. (2000). Positive affect and the other side of coping. *American Psychologist*, 55, 647-654.
Frankl, V.E. (1969). *The Will to Meaning -Foundations and Applications of Logotherapy*. New American Library, New York.（フランクル, V.E. 山田邦男（監訳）・今井伸和・高根雅啓・岡本哲雄・松田美佳・雨宮徹（訳）（2002）．意味への意志　春秋社）
Frazier, P., Oishi, S., & Steger, M. (2003). Assesing optimal human functioning. In W.B. Walsh (Ed.) *Counseling psychology and optimal human functioning* (pp. 251-278). Mahwah, NJ: Erlbaum.
Frazier, P., Tennen, H., Gavian, M., Park, C., Tomich, P., & Tashiro, T. (2009). Does self-reported posttraumatic growth reflect genuine positive change? *Psychological Science*, 20, 912-919.
Freud, S. (1914). Zur Einführung desNarzissmus. *Jahrbuch der Psychoanalyse*, 6, 1-24.（フロイト, S. 懸田克躬（訳）（1953）．ナルチシズム入門　フロイト選集5　性欲論　日本教文社）
Freud, S. (1917). *Mourning and melancholia*. Standard edition. London: Hogarth Press.（フロイト, S. 井村恒郎・小此木啓吾他（訳）（1970）．悲哀とメランコリー　「フロイト著作集第6巻」　人文書院）
福岡欣治（1997）．友人関係におけるソーシャル・サポートの入手と提供―認知レベ

ルと実行レベルの両面からみた互恵性とその男女差について― 対人行動学研究, 15, 1-12.

福岡欣治 (1999). 友人関係におけるソーシャル・サポートの入手―提供の互恵性と感情状態―知覚されたサポートと実際のサポートの授受の観点から― 静岡県立大学短期大学部研究紀要, 13, 57-70.

福岡欣治 (2007). ソーシャルサポート 坂本真士・丹野義彦・安藤清志 (編) 臨床社会心理学 東京大学出版会 pp.100-122.

福岡欣治 (2008). ストレス体験に伴う相互作用と自己概念の肯定的／否定的変化―実行されたサポートの役割に注目した探索的検討― 日本社会心理学会第49回発表論文集, 230-231.

福岡欣治・橋本宰 (1993). クラスター分析によるサポートの内容の分類とその効果 日本心理学会第57回大会発表論文集, 157.

古木美緒・森田美弥子 (2009). 挫折経験から自己受容に至るプロセス―大学生を対象にして― 日本教育心理学会総会発表論文集, 51, 177.

Gabbard, G.O. (1989). Two subtypes of narcissistic personality disorder. *Bulletin of the Menninger Clinic*, 53, 527-532.

Gabbard, G.O. (1994). *Psychodynamic personality in clinical practice*: The DSM-IV edition. Washington, DC: American Psychiatric Press.

Gangstad, B., Norman, P., & Barton, J. (2009). Cognitive processing and posttraumatic growth after stroke. *Rehabilitation Psychology*, 54, 69-75.

Ginzberg, K (2004). PTSD and world assumptions following myocardial infarction: A longitudinal study. *American Journal of Orthopsychiatry*, 74, 286-292.

Gray, M.J., Magnen, S., & Litz, B.T. (2007). Schema constructs and cognitive models of posttraumatic stress disorder. In P.du Toit, D.Stein, L.P. Riso, & J.Young (Eds.). *Cognitive schemas and core belief in psychological problems: A scientist-practitioner guide* (pp.59-92). Washington, DC: American Psychological Association.

橋本京子・子安増生 (2011). 楽観性とポジティブ志向および主観的幸福感の関連について パーソナリティ研究, 19, 233-244.

橋本剛 (1997). 大学生における対人ストレスイベント分類の試み 社会心理学研究, 13, 64-75.

羽鳥健司 (2008). 極めてストレスフルな出来事に対して行われる積極的困難受容がその後の精神的健康に与える影響について 東京成徳大学臨床心理学研究, 8,

3-10.
羽鳥健司・小玉正博（2009）．我々は困難な状況でどう成長するのか―困難体験に対する肯定的意味づけの視点から― ヒューマン・ケア研究, 10, 101-113.
Helgeson, V.S., Reynolds, K.A., & Tomich P.L. (2006). A meta-analytic review of benefit finding and growth. *Journal of Consulting and Clinical Psychology*, 74, 797-816.
平尾渉・山本眞利子（2008）．大学生におけるライフイベントに対する認知の違いと精神的健康・性格特性に関する研究 久留米大学心理学研究, 7, 95-102.
久田満・千田茂博・箕口雅博（1989）．学生用ソーシャル・サポート尺度作成の試み（1） 日本社会心理学会第30回大会発表論文集, 143-144.
Holmes, T.H. & Rahe, R.H. (1967). The social readjustment rating scale. *Journal of Psychosomatic Research*, 11, 213-218.
Horowitz, M.J. (1986). Stress-response syndromes: A review of posttraumatic and adjustment disorders. *Hospital & Community Psychiatry*, 37, 241-249.
Horowitz, M., Wilner, N., & Alvarez, W. (1979). Impact of Event Scale: A measure of subjective stress. *Psychosomatic Medicine*, 41, 209-218.
House, J.S. (1981). *Work stress and social support*. Reading, MA: Addision-Wesle.
伊藤恵美・いとうたけひこ・井上孝代（2013）．自死遺族の手記とその分析方法に関する考察―心的外傷後成長（PTG）に焦点を当てて― 静岡県立大学短期大学部研究紀要, 27, 1-9.
Janoff-Bulman, R. (1989). Assumptive worlds and the stress of traumatic events: Applications of the schema construct. *Social Cognition*, 7, 113-136.
Janoff-Bulman, R. (1992). *Shattered assumptions: Towards a new psychology of trauma*. New York: Free Press.
Janoff-Bulman, R. (2006). Schema-change perspectives on posttraumatic growth. In L.G. Calhoun, & R.G. Tedeschi (Eds.), Handbook of Posttraumatic Growth, New Jersey: Lawrence Erlbaum Associates pp. 81-99.
Janoff-Bulman, R., & Frantz, C.M. (1997). The impact of trauma on meaning: From meaningless world tomeaningful life. In M.J. Power & C.R. Brewin (Eds.), *The transformation of meaning inpsychological therapies: Integrating theory and practice*. Hoboken, NJ: Wiley, pp. 91-106.
Jeavons, S., Greenwood, K.M., & de L.Horne, D.J. (2000). Accident cognitions and subsequent psychological trauma. *Journal of Traumatic Stress*, 13, 359-365.

Joseph, S., & Linley, P.A. (2005). Positive adjustment to threatening events: An organismic valuing theory of growth through adversity. *Review of General Psychology*, 9, 262-280.

Joseph, S., & Linley, P.A. (2006). Growth following adversity: Theoretical perspectives and implications for clinical practice. *Clinical Psychological Review*, 26, 1041-1053.

Jourard, S. M. (1971). *The transparent self*. New York: Van-Nostrand Reinhold.

梶田叡一 (1988). 自己意識の心理学　第2版　東京大学出版会

上地雄一郎・宮下一博 (編著) (2004). もろい青少年の心―自己愛の障害　―発達臨床心理学的考察―　北大路書房

神谷俊次・伊藤美奈子 (1999). 挫折体験の受容と有能感　日本教育心理学会総会発表論文集, 41, 548.

菊島勝也 (2002). 大学生用ストレッサー尺度の作成―ストレス反応, ソーシャルサポートとの関係から―　愛知教育大学研究報告, 51, 79-84.

君山由良 (2006). 多変量解析・正準相関分析・多変量分散分析―多変量間の相関と因果関係の因子 (統計解説書シリーズA-16)―　データ分析研究所

King, L.A., & Hicks, J.A. (2006). Narrating the self in the past and the future: Implications for maturity. *Journal of Research in Human Development*, 3, 121-138.

King, L.A., & Hicks, J.A. (2009). Detecting and constructing meaning in life events *The Journal of Positive Psychology*, 4, 317-330.

King, L.A., Scollon, C.K., Ramsey, C., & Williams, T. (2000). Stories of life transition: Subjective well-being and ego development in parents of children with down syndrome. *Journal of Research in Personality*, 34, 509-536.

北村晴朗 (1983). 挫折体験の意味 ("おちこぼれ新論"特集)　教育と医学, 31, 479-485.

小林真・宮原千佳 (2012). 充実感の観点から見た大学生の自己開示動機　富山大学人間発達科学部紀要, 6, 89-98.

Koltko-Riversa, M.E. (2004). The psychology of worldviews. *Review of General Psychology*, 8, 3-58.

近藤卓 (編著) (2012). PTG 心的外傷後成長―トラウマを超えて―　金子書房

Koss, M.P., & Figueredo, A.J. (2004). Change in cognitive mediators of rape's impact on psychosocial health across 2 years of recovery. *Journal of Consulting and Clinical Psychology*, **72**, 1063-1072.

Kübler-Ross, E. (1969). *On Death and Dying*. MacMillan, New York. (キューブラー・ロス 川口正吉（訳）(1971). 死ぬ瞬間：死にゆく人々との対話 読売新聞社)

Lazarus, R.S. & Folkman, S. (1984). *Stress, appraisal, and coping*. New York: Springer.

Lechner, S.C., Carver, C.S., Antoni, M.H., Weaver, K.E., & Philips, K.M. (2006). Curvilinear associations between benefit finding and psychosocial adjustment to breast cancer. *Journal of Consulting and Clinical Psychology*, **74**, 828-840.

Lepore, S.J., & Helgeson, V.S. (1998). Social constraints, intrusive thoughts, and mental health after prostate cancer. *Journal of Social and Clincal Psychology*, **17**, 89-106.

Lepore, S.J., & Kernan, W.D. (2009). Searching for and making meaning after breast cancer: Prevalance, patterns, and negative affect. *Social Science & Medicine*, **68**, 1176-1182.

Linley, P.A & Joseph, S. (2004). Positive change following trauma and adversity: A review. *Journal of Traumatic Stress*, **17**, 11-21.

Manne, S., Ostroff, J., Fox, K., Grana, G., & Winkel, G. (2009). Cognitive and social processes predicting partner psychological adaptation to early stage breast cancer. *British Journal of Health Psychology*, **14**, 49-68.

Masterson, J.F. (1993). *The emerging self.: A developmental, self, and object relations approach to the treatment of the closet narcissistic disorder of the self*. New York: Brruner/Mazel.

松下智子 (2005). ネガティブな経験の意味づけ方と開示抵抗感に関する研究 心理学研究, **76**, 480-485.

松下智子 (2007). ネガティブな経験の意味づけ方と自己感情の関連—ナラティブアプローチの視点から— 心理臨床学研究, **25**, 206-216.

松下智子 (2008). ネガティブな経験の意味づけ方の変化過程—肯定的な意味づけに注目して 九州大学心理学研究, **9**, 101-110.

McFarland, C., & Alvaro, C. (2000). The impact of motivation on temporal comparisons: Coping with traumatic events by perceiving personal growth. *Journal of Personality and Social Psychology*, **79**, 327-343.

McMillen, J.C., & Cook, C.L. (2003). The positive by -products of spinal cord injury and their correlates. *Rehabilitation Psychology*, 48, 77-85.

McMillen, J.C., & Fisher, R.H. (1998). The Perceived Benefit Scales: Measuring perceived positive life changes after negative events. *Social Work Research*, 22, 173-187.

Michael, S.T., & Snyder, C.R. (2005). Getting unstuck: The roles of hope, finding meaning, and rumination in the adjustment to bereavement among college students. *Death Studies*, 29, 435-458.

Milam, J.E. (2004). Posttraumatic growth among HIV/AIDS patients. *Journal of Applied Social Psychology*, 34, 2353-2376.

Milam, J.E. (2006). Posttraumatic growth among HIV/AIDS disease progression. *Journal of Consulting and Clinical Psychology*, 74, 817-827.

Mohr, D.C., Dick, L.P., Russo, D., Pinn, J., Boudewyn, A.C., Likosky, W., & Goodkin, D.E. (1999). The psychosocial impact of multiple sclerosis: Exploring the patient's perspective. *Health Psychology*, 18, 376-382.

諸井克英（1989）．対人関係への衡平理論の適用（2）－同棲親友との関係における衡平性と情動的状態－　実験社会心理学研究，28，131-141．

中山真（2008）．恋愛関係崩壊後のストレス関連成長－成人愛着スタイルと失恋形態の影響－　SPSS研究奨励賞2008
〈http://www.spss.co.jp/ronbun/archives/2008/pdf/poster_06.pdf〉（2010年11月26日）

中山留美子・中谷素之（2006）．青年期における自己愛の構造と発達的変化の検討　教育心理学研究，54，188-189．

Neimeyer, R.A. (Ed.). (2000). *Meaning reconstruction and the experience of loss*. Washington DC: American Psychological Association.

Neimeyer, R.A. (2002). *Lessons of Loss: A Guide to coping (2nd ed)*. New York: Brunner Routledge.（ニーメヤー，R.A. 鈴木剛子（訳）（2006）．〈大切なもの〉を失ったあなたに－喪失を乗り越えるガイド　春秋社）

Nerken, I.R. (1993). Grief and the reflective self: Toward a clearer model of loss resolution and growth. *Death Studies*, 17, 1-26.

Nolen-Hoeksema, S., & Davis, C.G. (2004). Theoretical and methodological issues in the assessment and interpretation of posttraumatic growth. *Psychological Inquiry*, 15, 60-64.

小口孝司（1987）．自己開示の動機に関する研究　東京大学社会学研究科修士論文

（未公刊）

岡安孝弘・嶋田洋徳・丹羽洋子・森俊夫・矢冨直美（1992）．中学生の学校ストレッサーの評価とストレス反応との関係　心理学研究, **63**, 310-318.

小野寺敦子（2009）．親子関係が青年の無気力感に与える影響―エゴ・レジリエンスが果たす機能―　目白大学心理学研究, **5**, 9-21.

小塩真司・川崎直樹（2011）．自己愛の心理学―概念・測定・パーソナリティ・対人関係―　金子書房

大塚小百合（2008）．喪失体験に対する意味の付与と自己成長間に関する研究―体験の領域による生じ方の際に注目して―　九州大学心理学研究, **9**, 119-131.

尾崎真奈美（2011）．心的外傷後の成長（PTG）とスピリチュアルな発達―インクルーシブポジティビティの視点から―　相模女子大学紀要, **75**, 101-107.

尾関友佳子（1993）．大学生用ストレス自己評価尺度の改訂―トランスアクショナルな分析に向けて―　久留米大学大学院比較文化研究科年報, **1**, 95-114.

Pakenham, K.I. (2008). Making sense of caregiving for persons with multiple sclerosis (MS): The dimensional structure of sense making and relations with positive and negative adjustment. *International Journal of Behavioral Medicine*, **15**, 241-252.

Park, C.L. (2004). The nortion of growth following stressful life experience: Problrems and prospects. *Psychological Inquiry*, **15**, 69-76.

Park, C.L. (2008). Testing the meaning making model of coping with loss. *Journal of Social and Clinical Psychology*, **27**, 970-994.

Park, C.L. (2010). Making sense of the meaning literature: An integrative review of meaning making and its effects on adjustment to stressful life events. *Psychological Bulletin*, **136**, 257-301.

Park, C.L., Cohen, L.H., & Murch, R.L. (1996). Assessment and prediction of stress-related growth. *Journal of Personality*, **64**, 71-105.

Park, C.L., Folkman, S., & Bostrom, A. (2001). Appraisals of controllability and coping in caregivers and HIV+men: Testing the goodness-of-fit hypothesis. *Journal of Consulting and Clinical Psychology*, **69**, 481-488.

Payne, A.J., Joseph, S., & Tudway, J. (2007) Assimilation and accommodation processes following traumatic experiences. *Journal of Loss and Trauma*, **12**, 75-91.

Pennebaker, J.W., Barger, S.D., & Tiebout, J. (1989). Disclosure of traumas and health among Holocaust survivors. *Psychodomatic Medicine*, 51, 577-587.

Pennebaker, J.W., Beall, S.K. (1986). Confronting a traumatic event: Toward an understanding of inhibition and disease. *Journal of Abnormal Psychology*, 95, 274-281.

Phelps, L.F., Williams, R.M., Raichle, K.A., Turner, A.P., & Ehde, D.M. (2008). The importance of cognitive processing to adjustment in the first year following amputation. *Rehabilitation Psychology*, 53, 28-38.

Prati, G., & Pietrantoni, L. (2009). Optimism, social support, and coping strategies as factors contributing to posttraumatic growth: A meta-analysis. *Journal of Loss and Trauma*, 14, 364-388.

Rachman, S. (1980). Emotional processing. *Behavior Research and Therapy*, 18, 51-60.

Raskin, R. & Hall, C.S. (1979). A narcissistic personality inventory. *Psychological Reports*, 45, 590.

Reker, G.T., & Wong, P.T.P. (1988). Aging as an individual process: Towards a theory of personal meaning. In J.E.Birren, & V.L.Bengtson (Eds.), *Emergent theories of aging* (pp. 214-246). New York: Springer.

Resick, P.A., Galovski, T.E., Uhlmansiek, M.O., Scher, C.D., Clum, G.A., & Young-Xu, Y. (2008). A randomized clinical trial to dismantle components of cognitive processing therapy for posttraumatic stress disorder in female victims of interpersonal violence. *Journal of Consulting Psychology*, 76, 243-258.

Rini, C., Manne, S., DuHamel, K.N., Austin, J., Ostroff, J., Boulad, F., Parsons, S.K., Martini, R., Williams, S., Mee, L., Sexson, S., & Redd, W.H. (2004). Changes in mothers' basic beliefs following a child's bone marrow transplantation: The role of prior trauma and negative life events. *Journal of Traumatic Stress*, 17, 325-333.

Russell, C.S., White, M.B., & ParkerC. (2006). Why me? Why now? Why multiple sclerosis? Making meaning and perceived quality of life in a Midwestern sample of patients with multiple sclerosis. *Families, Systems, & Health*, 24, 65-81.

斉藤瑞希・菅原正和（2007）．ストレスとストレスコーピングの実行性と志向性（Ⅰ）―ストレスとコーピングの理論― 岩手大学教育学部附属教育実践総合センター研究紀要，6，231-243.

坂本真士・田中江里子（2002）．改訂版楽観性尺度（the revised Life Orientation

Test）の日本語版の検討，健康心理学研究, 15, 59-63.

Samios, C., Pakenham, K.L., & Sofronoff, K. (2008). The nature of sense making in parenting a child with Asperger syndrome. *Research in Autism Spectrum Disorders*, 2, 516-532.

佐藤徳・安田朝了 (2001). 日本語版PANASの作成　性格心理学研究, 9, 138-139.

Schaefer, J.A. & Moos, R.H. (1998). Effects of work stressors and work climate on long-term care staff's job morale and functioning. *Research in Nursing & Health*, 19, 63-73.

Scheier, M.F., Carver, C.S., & Bridges, M.W. (1994). Distinguishing optimism from neuroticism (and trait anxiety, self-mastery, and self-esteem): A reevaluation of the Life Orientation Test. *Journal of Personality and Social Psychology*, 67, 1063-1078.

Scheier, M.F., Weintraub, J.K., & Carver, C.S. (1986). Coping with stress: Divergent strategies of optimists and pessimists. *Journal of Personality and Social Psychology*, 51, 1257-1264.

Segerstorm, S.C. (2007). Optimism and resources: Effects on each other and on health over 10 years. *Journal of Research in Personality*, 41, 772-786.

Seligman, M.E.P. (1991). *Learned optimism*. New York: Knopf.

Seligman, M.E.P., Abramson, L.Y., Semmel, A., & von Baeyer, C. (1979). Depressive attributional style. *Journal of Abnormal Psychology*, 88, 242-247.

Seligman, M.E.P. & Maier, S.F. (1967). Failure to escape traumatic shock. *Journal of Experimental Psychology*, 74, 1-9.

嶋田洋徳 (1998). 小中学生の心理的ストレスと学校不適応に関する研究　風間書房

島井哲志・大竹恵子 (2005). 日本版"人生の意味"尺度（MLQ）の開発　日本ヒューマンケア心理学会第7回大会発表論文集, 29-30.

下坂剛 (2001). 青年期の各学校段階における無気力感の検討　教育心理学研究, 49, 305-313.

下山晴彦 (1995). 男子大学生の無気力の研究　教育心理学研究, 43, 145-155.

下山晴彦 (1997). 臨床心理学研究の理論と実際―スチューデント・アパシー研究を例として　東京大学出版会

神藤貴昭 (1998). 中学生の学業ストレッサーと対処法略がストレス反応および自己成長感・学習意欲に与える影響　教育心理学研究, 46, 442-451.

Stanton, A. L., Kirk, S. B., Cameron, C. L. & Danoff‐Burg, S. (2000). Coping through emotional approach: Scale construction and validation. *Journal of Personality and Social Psychology*, 78, 1150-1169.

Steger, M.F., Frazier, P., Oishi, S., & Kaler, M. (2006). The Meaning in Life Questionnaire: Assessing the presence of and search for meaining in life.*Journal of Counseling psychology*, 53, 80-93.

Steger, M.F., Kashdan, T.B., Sullivan, B.A., & Lorentz, D. (2008). Understanding the search for meaning in life: Personality, cognitive style, and the dynamic between seeking and experiencing meaning. *Journal of Personality*, 76, 199-228.

杉浦京子（1997）．心の傷はどう癒されるか―挫折感と喪失感の克服― 児童心理, 51, 49-54.

田口香代子・古川真人（2005）．外傷体験後のポジティヴレガシーに関する研究―日本語版外傷体験後成長尺度（PTGI）作成の試み― 昭和女子大学生活心理研究所紀要, 8, 45-50.

高比良美詠子（1998）．対人・達成領域別ライフイベント尺度（大学生用）の作成と妥当性の検討 社会心理学研究, 14, 12-24.

滝聞一嘉・坂本章（1991）．認知的熟慮性―衝動性尺度の作成―信頼性と妥当性の検討― 日本グループダイナミクス学会第39回大会発表論文集, 39-40.

宅香菜子（2005）．ストレスに起因する自己成長感が生じるメカニズムの検討―ストレス体験に対する意味の付与に着目して― 心理臨床学研究, 23, 161-172.

宅香菜子（2010）．外傷後成長に関する研究―ストレス体験をきっかけとした青年の変容― 風間書房

Taku, K., Calhoun, L.G., Tedeschi, R.G., Gil-Rivas, V., Kilmer, R.P., & Cann, A. (2007). Examining posttraumatic growth among Japanese university students. *Anxiety, Stress, & Coping*, 20, 353-367.

谷冬彦（2001）．青年期における同一性の感覚の構造―多次元自我同一性尺度（MEIS）の作成― 教育心理学研究, 49, 265-273.

Taylor, S.E. & Brown, J.D. (1988). Positive illusions and well-being revisited: Separating fact from fiction. *Psychological Bulletin*, 116, 21-27.

Taylor, S.E., Wood, J.V., & Lichtman, R.R. (1983). It could be worse: Selective evaluation as a response to victimization. *Journal of Social Issues*, 39, 19-40.

Tedeschi, R.G., & Calhoun, L.G. (1996). The posttraumatic growth inventory: Measuring the positive legacy of trauma. *Journal of Traumatic Stress*, 9, 455-471.

Thompson, S.C. (1985). The search for meaning following a stroke. *Basic and Applied Social Psychology*, 6, 279-295.

戸ヶ崎泰子・坂野雄二 (1993). オプティミストは健康か？ 健康心理学研究, **6**, 1-11.

Tomichi, P.L., & Helgeson, V.S., (2004). Is finding something good in the bad always good?: Benefit finding among women with breast cancer. *Health Psychology*, 23, 16-23.

Tunaley, J.R., Slade, P., & DuncanS.B. (1993). Cognitive processing in psychological adaptation to miscarriage: A preliminary report. *Psychology & Health*, 8, 369-381.

Vrana, S., & Lauterbach, D. (1994). Prevalence of traumatic events and post-traumatic psychological symptoms in a nonclinical sample of college students. *Journal of Traumatic Stress*, 7, 289-302.

Walker, B.M., & Winter, D.A. (2007). The elaboration of personal construct psychology. *Annual Review of Psychology*, 58, 453-477.

Watson, D., Clark, I.A., & Tellegen, A. (1988). Development and validation of brief measures of positive and negative affect: The PANAS scales. *Journal of Personality and Social Psychology*, 54, 1063-1070.

Weinstein, N.D. (1980). Unrealistic optimism about future life events. *Journal of Personality and Social Psychology*, 39, 806-820.

Weiss, D.S., & Marmer, C.R. (1997). The Impact of Event Scale-Revised. In J. P.Wilson, & T.M. Keane (Eds): *Assessing psychological trauma and PTSD* (pp. 399-411), New York.: Guilford Press.

White, M. (1995). The narrative perspective in therapy. *The Family Journal*, 2, 71-83.

Widows, M.R., Jacobsen, P.B., Booth-Jones, M., & Fields, K.K. (2005). Predictors of posttraumatic growth following bone marrow transplantation for cancer. *Health Psychology*, 24, 266-273.

Williams, R.M., Davis, M.C., & Millsap, R.E. (2002). Development of the Cognitive Processing of Trauma Scale. *Clinical Psychology and Psychotherapy*, 9, 349-360.

Worden, J.W. (1991). Grief counseling and grief therapy: *A handbook for the menatal health practiotioner*. Springer Publishing Company, Inc.

Zoellner, T. & Maercker, A. (2006). Posttraumatic growth in clinical psychology: A critical review and introduction of a two component model. *Clinical Psychology Review*, **26**, 626-653.

要　　旨

目的

　本研究は，重大なネガティブ体験に遭遇した時に，その出来事をどのように考え，受け止め，理解し，乗り越え，人生の中に位置づけていくのかを，意味づけ（meaning making）という概念を用いて心理学的に解明することを目指すものである。

　近年では，意味づけの結果を表す"生成された意味（Meaning Made）"と適応・精神的健康の関連について一貫しない研究結果の提出により，"意味づけの過程（Meaning Making Processes）"が注目されるようになっている。そこで，意味づけのプロセスや，意味づけの過程が持つ特徴や機能の解明が求められている。

　こうした先行研究の現状を踏まえ，本研究では，意味づけの過程に影響を与える要因や，意味づけの過程が持つ特徴や機能について実証的に検討し，重大なネガティブ体験を経験した個人が経る意味づけの過程や，その過程を通した個人の変容を明らかにすることを目的とする。意味づけの過程に関しては，同化と調節という観点から検討を行う。同化は"自身が持つ物事の見方や考え方に一致するように自然とその体験を解釈，了解できること"と，調節は"その体験を理解，解釈するために意識的，意図的な認知，感情的処理を行い，自身が持つ物事の見方や考え方を修正していくこと"と定義される。本研究の目的を達成するために，以下の3点について，実証的に検討する。

　1点目は同化と調節に関する測度の開発である。これまで同化と調節に関しては理論的検討に留まる研究が多く，実証的検討を可能にする尺度は開発されてこなかったため，まずは信頼性・妥当性を備えた尺度の作成を目指す。

2点目は同化と調節に影響を与える個人特性・状況要因の検討である。重大なネガティブ体験を経験した時に，個人が同化と調節のどちらの対処を取るかは，パーソナリティや認知，思考の特徴といった，経験主体が持つ個人特性の影響や，重大なネガティブ体験の状況要因の影響を受けることが想定されるため，その影響因を明らかにし，意味づけという現象をより多面的かつ包括的に捉えることを目指す。

　3点目は同化と調節が持つ特徴や機能の検討である。重大なネガティブ体験を経験した人への援助や臨床的介入を行う際の有意義な示唆を得るために，同化と調節が重大なネガティブ体験後の個人の変容に与える影響を明らかにし，意味づけの過程が持つ特徴や機能の解明を目指す。

　意味づけは，ストレスコーピングと類似した概念ではあるが，以下の3点において独自性のある概念であると捉えることが出来る。それは第一にコーピングの中でも，極めて高いストレス状況に対して適用される評価や対処に関する概念であること，第二にその評価や対処は一時的なものではなく，断続的に改定されていくものであること，第三に評価や対処だけではなく，その後の適応過程についても説明する，プロセス指向の概念であることである。従って，意味づけについて研究することは，これまでのコーピング研究やライフイベント研究の知見の精緻化や，これまで得られなかった視座の提供または知見の一般性の確証において貢献できると言える。

　特に意味づけの過程について研究することは，意味づけ研究において課題とされている意味づけの心理プロセスについて明らかにしようとするものであり，その学術的意義は大きい。また意味づけはナラティブアプローチの視点から，カウンセリングや心理療法の過程においても重要視されており(White, 1995)，そのプロセスやメカニズムを解明することによる臨床・教育的意義は大きいと考えられる。さらに，意味づけの過程を明らかにすることは，重大なライフイベントの体験後の適応的なストレスコーピングを究明するものであり，精神的健康の回復，維持，増進に繋がる視点を提供しうる。

従って，健康心理学的観点からも重要であると言える。加えて，重大なネガティブ体験は，人が生きていく中で必ずと言っていいほど経験されることであり，例えばリストラなど社会問題となる出来事も多いことから，意味づけについて知見や理論の精緻化を行い，重大なネガティブ体験を乗り越えていく際の有効な提言を示していくことが出来れば，社会的意義も大きい研究であると考えられる。

対象と方法

対象は青年期の大学生であった。合計2167名が調査に協力し，2010年8月から2013年4月にかけて1回の面接調査と9回の無記名・個別自記式質問紙調査を行った。調査の実施にあたっては大学内の倫理委員会の承認を受けた。調査への協力は自由意思であり，プライバシーは保護されることを保証した。また，回答の回避，中止，撤回が出来ることを説明した。加えて，調査協力によって精神的苦痛が生じた場合は，相談機関への窓口になることを保証した。面接調査で得られた音声データはテキストデータ化し，質問紙調査で得られたデータは統計的に処理を行った。

結果

研究1で，意味づけの対象となる重大なネガティブ体験にはどのようなものがあるか，探索的検討を行った。本研究ではこれを"必ずしもトラウマ症状の生起，維持を前提とはしないものの，極めてストレスフルで，ネガティブな認知，感情，思考を伴う体験のこと"と定義している。KJ法を行い，重大なネガティブ体験は，"学業・進路（仕事）"，"人間関係"，"部活動・スポーツ"，"喪失"，"災害"，"犯罪被害"，"病気・ケガ"の7カテゴリーに分類できることを示した。また，重大なネガティブ体験と関連が強い感情について検討した。

研究2，3では，信頼性，妥当性を備えた"意味づけにおける同化・調節

尺度"を作成した。

次に，同化と調節に影響を与える個人特性について検討した。研究4では楽観性との関連を検討し，楽観性のタイプによって意味づけの過程への影響は異なることを明らかにした。研究5では，自己開示動機との関連を検討し，"被受容感"と"助言"という動機づけの内容に関わらず，自己開示を行うと調節が促されることを明らかにした。加えて，過敏型と誇大型という2種類の自己愛との関連も検討し，誇大型自己愛の傾向が高いと，同化を通した意味づけを用いやすいことを明らかにした。

次に同化と調節に影響を与える状況要因について検討した。研究6では，体験の質的側面に着目して検討を行った。その結果，その後の人生への影響度の大きさや心的外傷性ストレス症状の強さといった体験の重大さを規定する要因に関しては，調節に影響を与えることを明らかにした。統制不可能感に関しては，同化，調節どちらも促進されるが，特に同化への影響が大きいことを明らかにした。研究7では，感情的側面に着目して検討を行った。その結果，ポジティブ感情を感じるほど同化を通した意味づけを，ネガティブ感情を感じるほど調節を通した意味づけを行うことを明らかにした。無気力感に関しては，疲労感を感じるほど調節を通した意味づけを行い，自己不明瞭感を感じるほど同化を通した意味づけを行わなくなることを明らかにした。研究8では，ソーシャル・サポートに着目して検討を行った。その結果，多くのサポートを受けるほど，調節を通した意味づけを行うことを明らかにした。また，サポートに対して満足感を感じることは，同化・調節どちらの意味づけも促進されることを明らかにし，心理的負債感を感じることは，調節を通した意味づけの促進に繋がることを明らかにした。

最後に，同化と調節が自己概念の変容に与える影響について検討した。研究9では，PTGは同化よりも調節を通した意味づけの方が強く感じられることを明らかにし，自我同一性の変容に関しては，調節のみが促進することを明らかにした。研究10では，ポジティブ・ネガティブ両側面の変容との関

連を検討した。その結果，自己概念，自己感情ともに，同化を通した意味づけでは，ポジティブな変容は起こりにくいものの，ネガティブな変容を抑制することを明らかにした。一方で，調節を通した意味づけでは，ポジティブな変容を導くものの，同時にネガティブな変容にも正の影響を与えてしまうことを明らかにした。

考察

研究1の結果から，これまで曖昧であった重大なネガティブ体験の領域を示し，一般大学生における重大なネガティブ体験の傾向や特徴を考察した。

研究2，3の結果から，"意味づけにおける同化・調節尺度"が実証的検討に耐えうると判断した。

研究4，5，6，7，8の結果から，同化と調節について検討する際は，様々な個人特性や状況要因の影響を考慮する必要があると考えた。

研究9，10の結果から，同化を通した意味づけは自己のポジティブな変容の契機とはなりにくいものの，自己のネガティブな側面に直面することは避けられると考え，調節を通した意味づけは成長感を始めとするポジティブな変容の機会となるものの，体験と向きあう中で，自己や周囲の世界に対するネガティブな側面も知覚し，助長されるものと考えた。

結論

本研究の実証的研究によって明らかにされたことは，大別して以下の4点に集約される。第一に，一般大学生における重大なネガティブ体験の領域について同定したことである。第二に，同化と調節の観点から実証的検討を可能にする尺度を作成したことである。第三に，意味づけの過程に影響を与える個人特性と状況要因についてその一端を示したことである。第四に，同化と調節が持つ特徴や機能について，自己概念の変容という観点から明らかにしたことである。

本研究は，これまで実証的な知見が少なかった意味づけの過程に着目した点において，新たな視座を提供するものであり，意義は大きい。加えて，意味づけという概念は，重大なネガティブ体験からの適応過程を説明する上での重要かつ有意義な示唆を提供しうるものであるため，本研究で示された知見が，今後の意味づけ研究の発展の一助となることが望まれる。

　最後に，回顧法かつ横断的研究であること，意味づけのモデルの部分的検討に留まっていること，という本研究の限界を示し，今後の展望について考察した。

本論文を構成する研究の発表状況

【学術論文（査読あり）】

(1) 堀田亮・杉江征（2013）．挫折体験の意味づけが自己概念の変容に与える影響　心理学研究，84，408-418．（第7章【研究9，10】）

(2) 堀田亮・杉江征（2013）．重大なライフイベントの意味づけに関する尺度の作成－同化・調節の観点から－　健康心理学研究，26，108-118．（第4章【研究2，3】）

(3) 堀田亮・杉江征（2015）．大学生における重大なネガティブ体験についての探索的検討　健康心理学研究，28，41-46．（第3章【研究1】）

【学術論文（査読なし）】

(1) 堀田亮・杉江征（2012）．ストレスフルな体験の意味づけに関連する研究の動向　筑波大学心理学研究，44，113-122．（第1章）

【学会発表】

(1) 堀田亮・杉江征（2011）．意味づけにおける同化・調節尺度の開発と信頼性・妥当性の検討　日本健康心理学会第24回大会発表論文集，5．（第4章【研究3】）

(2) 堀田亮・杉江征（2011）．挫折体験の意味づけが自己概念に与える影響　日本心理学会第75回大会発表論文集，42．（第7章【研究9】）

(3) 堀田亮・杉江征（2012）．大学生における重大なネガティブ体験についての実態調査　日本健康心理学会第25回大会発表論文集，94．（第3章【研究1】）

(4) 堀田亮・杉江征（2012）．挫折体験の意味づけが自己概念に与える影響(2)　日本心理学会第76回大会発表論文集，44．（第7章【研究10】）

(5) 堀田亮・杉江征（2013）．ストレスフルな体験の意味づけに影響を与える

状況要因(1)―心的外傷性ストレス症状の観点から　日本健康心理学会第26回大会発表論文集，8．（第6章【研究6-2】）

(6)堀田亮・杉江征（2013）．ストレスフルな体験の意味づけに影響を与える状況要因(2)―統制不可能感と人生への影響度の観点から　日本心理学会第77回大会発表論文集，265．（第6章【研究6-1】）

(7)堀田亮・杉江征（2014）．重大なネガティブ体験の意味づけに影響を与える個人特性(1)―自己愛の観点から　日本心理学会第78回大会発表論文集，23．（第5章【研究5】）

(8)堀田亮・杉江征（2014）．重大なネガティブ体験の意味づけに影響を与える個人特性(2)―楽観性の観点から　日本健康心理学会第27回大会発表論文集，7．（第5章【研究4】）

(9) Horita, R. & Sugie, M (2016). The influence of meaning making process on changes in self-concept following stressful life experiences. The 31st International Congress of Psychology.（第7章【研究9，10】）

【講演】

(1)堀田亮（2014）．重大なネガティブ体験の意味づけ過程に関する検討　日本心理学会第78回大会（小講演）

本論文を構成する研究とサンプルの対応関係

	調査時期	調査協力者	研究との対応
Sample 1	2010年8～10月	大学生15名 （男性10名，女性5名）	研究2
Sample 2	2010年11月	大学生295名 （男性135名，女性157名，不明3名）	研究3
Sample 3	2010年11月	大学生235名 （男性118名，女性117名）	研究9
Sample 4	2010年11月	大学生199名 （男性141名，女性57名，不明1名）	研究10
Sample 5	2012年1～2月	大学生94名 （男性39名，女性55名）	研究1
Sample 6	2012年3～4月	大学生247名 （男性142名，女性105名）	研究4
Sample 7	2012年5月	大学生261名 （男性134名，女性122名，不明5名）	研究6-1， 研究7-1
Sample 8	2012年10月	大学生286名 （男性125名，女性159名，不明2名）	研究6-2， 研究8
Sample 9	2012年10月	大学生299名 （男性149名，女性149名，不明1名）	研究7-2
Sample 10	2013年3～4月	大学生236名 （男性111名，女性121名，不明4名）	研究5

資　　料

資料1　実際に体験した重大なネガティブ体験に関する質問項目【研究1】

あなたが今まで生きてきた中で経験した重大なネガティブ体験・出来事（大変だった・ストレスだった体験）を，以下にいくつでも構わないので，思いついたことを簡潔にお書きください。　例：大学入試に落ちた。

① _____
② _____
③ _____
④ _____
⑤ _____

資料2　重大なネガティブ体験を経験した際に生じた感情に関する質問項目【研究1】

問1であげた重大なネガティブ体験・出来事を経験した時に，あなたは**どのような気持ち**になりましたか。問1であげた体験・出来事それぞれについて，いくつでも構わないので思いついたことを簡潔にお書きください。　例：悲しかった。

① _____

② _____

③ _____

④ _____

⑤ _____

資　料

資料3　もし経験するとしたら重大なネガティブ体験になると思われる出来事に関する質問項目【研究1】

問1であげた以外に，あなたが<u>もし経験するとしたら重大なネガティブ体験・出来事（大変な，ストレスな体験）になる</u>と思うことを，以下にいくつでも構わないので，思いついたことを簡潔にお書きください。
Ex. 目標としている大会で負けること。

① _____
② _____
③ _____
④ _____
⑤ _____

資料4　挫折体験に関する質問項目【研究3】

【問1】
これからあなたが今までに経験した**挫折体験**についてお聞きします。
挫折体験とは，「ある目標や目的，期待をもって行ったこと，続けてきたことが中途でくじけ折れ，とてもネガティブな気持ちになる体験」を言います。これはあくまで**主観的な体験**ですので，他の人と比べたり，他の人がどう思うかを気にする必要はありません。

挫折体験の例
努力の結果（第一志望の大学に受験し失敗した，など）
初めての失敗（告白して初めて振られた，など）
あきらめ（怪我をしてずっと続けてきたスポーツをあきらめた，など）　などがあります。

【問1-1】
あなたにとっての，**一番大きな挫折体験**を思い浮かべてください。その体験が最もよく当てはまる領域を下の1～4から1つ選んで○をつけてください。挫折体験をしたことがないという人は，下の1～4の領域において，**最も辛かったと思う出来事**に1つ○をつけてください。

1　学業（受験や学校のテストなど）
2　人間関係（恋愛や友人関係など）
3　継続してきたこと（スポーツ，部活動，習い事，自分の夢など）
4　その他（書ける範囲で構いませんので内容を記入してください（　　　　　　）

【問1-2】
その出来事を経験したのはいつですか　　　　　　　　　年　　　　ヶ月前

【問1-3】
その出来事を経験しての辛さと，人生におけるその出来事の**重要度は**，どれくらいでしたか。最もよく当てはまるものを1つ選び○をつけてください。

1　辛くなかった　2　あまり辛くなかった　3　どちらともいえない　4　辛かった　5　かなり辛かった
1　重要ではなかった　2　あまり重要ではなかった　3　どちらともいえない　4　重要だった　5　かなり重要だった

【問1-4】
あなたはその出来事が起きることを，**事前に予測**することができましたか。当てはまるもの1つを選び○をつけてください。

事前に予測することが…
1　出来た　2　少し出来た　3　どちらともいえない　4　ほとんど出来なかった　5　全く出来なかった

資料5　意味づけにおける同化・調節尺度（暫定版）【研究3】

あなたは【問1】であげた出来事を経験した当初に，以下のようなことをどれくらい考えましたか。当時の考えを振り返り，**出来事を経験した当初のあなたの考えとして，最も当てはまるもの**を1つ選んで○をつけてください。

（回答選択肢：当てはまらない／あまり当てはまらない／どちらともいえない／少し当てはまる／かなり当てはまる）

1	その経験は，私がこれまで持っていた物事の見方，考え方を通して理解することが出来るだろう。	1 2 3 4 5
2	これまでの考え方を改める必要があると感じている。	1 2 3 4 5
3	その経験が意味することは私が持つ物事の見方，考え方に合致している。	1 2 3 4 5
4	自分の視野を広げることが，その経験の持つ意味を理解するのには必要である。	1 2 3 4 5
5	私は，その経験の持つ意味を理解している。	1 2 3 4 5
6	私は，その経験を有意義にする何かを見つけようと思っている。	1 2 3 4 5
7	その経験が持つ意味についてすぐに原因（理由）を見つけられるだろう。	1 2 3 4 5
8	私はその経験の持つ意味を何とかして理解しようとしている。	1 2 3 4 5
9	私は，すぐにその経験が持つ意味に気づくだろう。	1 2 3 4 5
10	その経験を理解することは難しいと感じている。	1 2 3 4 5
11	その経験に対して，深く考えこむことはないであろう。	1 2 3 4 5
12	私は，その経験が持つ意味を見つけようと思っている。	1 2 3 4 5
13	その経験は，私が持っている物事の見方や考え方をより強化するだろう。	1 2 3 4 5
14	その経験を理解するには，これまでにはない考え方や物事の見方をする必要がある。	1 2 3 4 5
15	その経験は有意義なものであると十分に感じている。	1 2 3 4 5
16	私はその経験を理解しようと努力しようと思う。	1 2 3 4 5
17	私は，その経験が持つ意味を見出している。	1 2 3 4 5
18	私は，その経験を有意義にする何かを探している。	1 2 3 4 5
19	その経験が持つ意味を理解するのに時間はかからないだろう。	1 2 3 4 5
20	自身の物事の見方や考え方を見直す必要があると感じている。	1 2 3 4 5
21	その経験を理解するのに，私の持つ物事の見方，考え方を利用することが出来るだろう。	1 2 3 4 5

資料6　重大なネガティブ体験(場面想定)に関する質問項目【研究4・5】

【問1-1】
これからあなたにとっての重大なネガティブ体験についてお聞きします。これはあくまで主観的な体験ですので，他の人と比べたり，他の人がどう思うかを気にする必要はありません。以下にあげるような出来事で，あなたがイメージしやすく，これからもし経験するとしたら最も重大でネガティブだと思う出来事を1つ選んで○をつけてください。

1．学業や進路（試験，面接の不合格など）
2．人間関係（失恋，いじめなど）
3．部活やスポーツ（大会で負ける，スランプなど）
4．喪失（近親者，友人，ペットの死など）
5．病気やケガ
6．犯罪被害
7．災害
8．その他

【問1-2】
あなたは問1-1で○をつけた出来事について，どのくらい鮮明にイメージすることができますか。当てはまるもの1つに○をつけてください。

ほとんど イメージできない	あまり イメージできない	どちらともいえ ない	まあまあ イメージできる	かなり イメージできる
1	2	3	4	5

【問1-3】
あなたは問1-1で○をつけた出来事を，以前実際に体験したことがありますか？

1　ない　　／　　2　ある

資　料

資料7　意味づけにおける同化・調節尺度【研究4・5・6・7・8・9・10】

あなたは【問1】であげた出来事を経験した当初に，以下のようなことをどれくらい考えましたか．当時の考えを振り返り，**出来事を経験した当初のあなたの考え**として，最も当てはまるものを1つ選んで◯をつけてください．

		あまり当てはまらない	どちらともいえない	少し当てはまる	かなり当てはまる
		当てはまらない			

1	その経験は，私がこれまで持っていた物事の見方，考え方を通して理解することが出来るだろう．	1	2	3	4	5
2	これまでの考え方を改める必要があると感じている．	1	2	3	4	5
3	その経験が意味することは私が持つ物事の見方，考え方に合致している．	1	2	3	4	5
4	自分の視野を広げることが，その経験の持つ意味を理解するのには必要である．	1	2	3	4	5
5	その経験が持つ意味についてすぐに原因（理由）を見つけられるだろう．	1	2	3	4	5
6	私はその経験の持つ意味を何とかして理解しようとしている．	1	2	3	4	5
7	私は，すぐにその経験が持つ意味に気づくだろう．	1	2	3	4	5
8	私は，その経験が持つ意味を見つけようと思っている．	1	2	3	4	5
9	私はその経験を理解しようと努力しようと思う．	1	2	3	4	5
10	私は，その経験が持つ意味を見出している．	1	2	3	4	5
11	私は，その経験を有意義にする何かを探している．	1	2	3	4	5
12	その経験が持つ意味を理解するのに時間はかからないだろう．	1	2	3	4	5
13	自身の物事の見方や考え方を見直す必要があると感じている．	1	2	3	4	5
14	その経験を理解するのに，私の持つ物事の見方，考え方を利用することが出来るだろう．	1	2	3	4	5

資料8　重大なネガティブ体験（実際の体験）に関する質問項目
【研究6・7・8】

【問1-1】
これからあなたが今までに経験した**最も重大なネガティブな体験**についてお聞きします。これはあくまで<u>主観的な体験</u>ですので，他の人と比べたり，他の人がどう思うかを気にする必要はありません。以下の例の中から，最もよく当てはまるもの1つを選び，番号に○をつけてください。

重大なネガティブ体験の例
1　学業や進路（試験，面接の失敗など）　　2　人間関係（失恋，いじめ，不和など）
3　喪失（近親者，友人，ペットの死など）　4　部活やスポーツ（大会で敗戦，スランプなど）
5　病気やケガ　　　　　　　　　　　　　　6　犯罪被害
7　災害　　　　　　　　　　　　　　　　　8　その他（　　　　　　　　　　　　　）

【問1-2】
その出来事を経験したのはいつですか　　　　　　　　年　　　　ヶ月前

あ と が き

　本書は，重大なネガティブ体験，つまり辛く苦しい体験を人がどのように受け止め，乗り越えていくかを，意味づけという概念を用いて，実証的に検討したものです。なぜ，私はこのテーマと出会い，研究しようと思ったのでしょうか。そこには，私がこれまで経験してきたことが関係しています。

　サッカー選手を目指して，ひたむきにボールを追いかけていた私は，心理学の魅力に出会い，研究者・心理臨床家としての道を歩んでいます。つくづく，人生とは不思議なものです。しかし，サッカー選手を目指していたからこそ，心理学に出会い，「意味づけ」というテーマにも出会えたと思っています。

　小学校に入る前から，公園で上級生に混じりボールを蹴り始めました。泣いて帰ったこともしばしば。小学や中学では，所属チームや地区選抜の一員として全道大会（北海道民はこう表現します）にも出場しましたが，世界が広がるにつれて，自分の限界にも向き合う経験が増えました。高校では，某Jクラブユースの最終選考で落ちて，別のユースチームに所属しました。そのチーム事情から，社会人チームでの活動が中心となり，高校生ではなかなか体験できない，大人とのサッカーに触れました。私のサッカー選手としてのプロフィールは，「所属チームの中心選手だけど，地区選抜止まり」といったところでしょうか。プロを目指してはいましたが，それに見合う努力をしていたかどうかは疑問が残ります。

　心理学との出会いは，サッカープレーヤーとしての素朴な疑問からでした。それは，「どういった精神状態の時に，人は最高のパフォーマンスを発揮できるのだろう」，「どうやったら個人やチームのモチベーションは上がるのだろう」といったもので，技術や体力以上に，心（メンタル）の存在に惹かれ

たのです。それから，心理学という学問を知り，興味を持つようになりました。最初はスポーツ心理学を学べる学部に行こうと考えていたのですが，色んな角度から心理学を探求したいと思い，最終的には，高校3年時に進路相談をしていたある方から，「サッカー好きで心理学やりたいなら筑波大学がいいんじゃない？」という言葉が決定打となり，進路を一本化しました。

努力の甲斐もあり，晴れて入学できた筑波大学第二学群人間学類（現人間学群心理学類）では，相変わらずサッカー漬けの日々が続きます。少なくとも週6回，多い時で週9回の練習を，大学4年の10月まで続けました。選手としては大成しなかったですが，地域の小学生チームのコーチをしたり，審判資格を取ったりと，様々な体験をし，多くの人と出会えたことは今の私の財産となっています。楽しいことだけではなく，悲しさ，悔しさ，理不尽さなど感情の振れ幅の大きい学生生活を過ごす中で，サッカーの見方，考え方，関わり方が変わっていきました。

さて，学業（心理学）の方はというと，いまいち「論文を読む」作業が馴染まず，自身の日常や体験の中から研究対象を模索していました。「意味づけ」というテーマに出会ったのは，大学4年生，卒業論文執筆の時です。その出会いも，サッカーを通してでした。私はこれまで，サッカーや日常生活で，自身の根底を揺るがすような辛い体験や挫折を経験してこなかった，というより，避けてきた思いがありました。そして，耐えがたい苦難を乗り越え，成長，成功をおさめる人の話に触れるたびに，「どうしてこんなにも"深い"人間なんだろう」と，自分が"浅い"人間であることのコンプレックスと同時に感じていました。その中で，初めて「参考になる」と思える論文に出会い，辛く苦しい体験と向き合うプロセス＝意味づけこそが，その後の適応に必要であると，学問的にも体験的にも腑に落ち，知的好奇心が芽生えたことが意味づけ研究の始まりです。それから，博士論文の完成に至るまで，曲がりなりにも，このテーマに信念を持って向き合ってきたつもりです。

あとがき

　本書は，私が筑波大学大学院人間総合科学研究科に提出した博士論文（2013年度）を加筆，修正したものです。博論の執筆時期は，ちょうど就職活動も並行して進めており，「大学院を無事に修了できても，4月から自分はどこで何をやっているんだろう」と，常に不安を抱えながらの作業だったことを記憶しています。特に，博論の中間審査会が無事に終わったことで安堵感と充実感いっぱいで帰宅し，4カ月待ち続けた某大学からの通知を受け取ったあの日を忘れることはできません。人の想いと願いを，こんな薄っぺらい封筒に「不採用」と書かれた数行の書面1枚で打ち砕くとは…。確か，あの日は私の誕生日も数日後に控えていました。この体験を私の中で意味づけることは，相当の努力が必要でした。

　濃密で苦しくも楽しくもあった博論執筆でしたが，私なりの辛く苦しい体験の意味づけ方，そして，意味づけた先に待っているものを，本書で描くことができたように思います。意味づけと向き合った多くの時間は，自分とも向き合う時間であり，なぜ意味づけを研究するのか，研究を通して何を発信したいのか，そして，私はこれまでの人生経験をどのように意味づけてきたのか，深く考えた時間であったように思います。

　本書及び博士論文の執筆にあたっては，多くの方々から指導，助言，支援を賜りました。ここに感謝の意を記したいと思います。

　指導教員である杉江征先生，ありがとうございました。先生は私にとって"つくばの父"です。色々と感謝の言葉を考えたのですが，この一言に尽きます。臨床や研究のことのみならず，学生生活の様々なシーンで，先生の姿があり，指導があり，支えがありました。いつも真剣に向き合ってくださる先生から，指導教員ということを抜きにして人として沢山のことを学びました。先生がいつも言う「役に立ち，貢献できる」人材になれるよう，これからも精進していきます。

　博士論文の審査をして頂いた先生のみなさま，ありがとうございました。

青木佐奈枝先生には，PTSDの観点から，意味づけを捉え直して頂いたように感じております。また，一般大学生でやったに過ぎないと，どこかコンプレックスを抱えていたこの研究に，「一般大学生で実施したことに意義がある」とコメント頂けたことは大変励みになりました。そして何より，私の文章表現に対して「ユーザーフレンドリー」という言葉，嬉しかったです。岡本知周先生には，教育学の観点から，言葉の意味や解釈まで深く切り込んで頂いたように感じております。誤字脱字や表現方法まで細かく指摘して下さり，ありがとうございました。櫻井茂男先生には，まさに心理学研究の原理原則，基礎基本の観点から，尺度の用い方や分析の仕方について本質を突かれたように感じております。何となくこれがいいんじゃないかと思って実施した（書いた）部分も多々あったように思われる論文を，ピリッと引き締めて頂いたように思います。

　小玉正博先生，杉江研究室・小玉研究室のみなさま，ありがとうございました。みなさまから研究会で頂いたご意見は厳しくもあたたかく，前に進む活力，立ち止まる勇気，新たな可能性を拓く推進力を頂きました。小玉先生から博士課程に入って最初の研究会の時に頂いた「まずはストーリーを作り，研究の落とし所を見つけなさい」という言葉は，博士論文執筆への道しるべとなりました。

　大学院同期の安彦真美さん，梅田知子さん，可児佳菜子さん，黒田卓哉くん，熊澤詩織さん，関口雄一くん，中谷隆子さん，服部真人くん，山岸あやのさん，ありがとうございました。みなさんの存在は私にとって支えでした。お互い認め合い，助け合い，高め合う素敵な関係を作れて幸せです。臨床も研究も遊びも思い出を挙げればキリがありません。今は，それぞれのフィールドで活躍している声を聞くことが刺激となっています。

　そして，本書に関わる調査にご協力頂いたみなさま，ありがとうございました。貴重な授業時間にも拘わらず，調査実施の時間を作ってくださった多くの先生，面接や質問紙に回答して頂いた計2,167名のみなさま，本当にあ

りがとうございました。数枚の紙切れも，こんなにも集まると重さと重みを感じます。みなさまのご協力がなければ本書の完成はありませんでした。

　本書の出版にあたっては，風間書房の風間敬子さま、古谷千晶さまにご尽力いただきました。深く感謝申し上げます。

　本書は，独立行政法人日本学術振興会平成28年度科学研究費助成事業（科学研究費補助金）（研究成果公開促進費）（課題番号16HP5194）の助成により出版されました。

　2016年 8 月18日

　　　　　　　　　　　　　　　　　　　　　　　　　　　　堀田　亮

著者略歴

堀田 亮（ほりた・りょう）

1986年北海道生まれ。2014年筑波大学大学院人間総合科学研究科ヒューマン・ケア科学専攻3年制博士課程修了。同年より岐阜大学保健管理センター助教（現職）。博士（心理学）。臨床心理士。専門領域は，学生相談，自律訓練法。著書に『大学生の健康ナビ』（分担執筆，岐阜新聞社，2015）。

重大なネガティブ体験の意味づけに関する心理学的研究

2016年12月20日　初版第1刷発行

著　者	堀　田　　　亮
発行者	風　間　敬　子

発行所　　株式会社　風　間　書　房

〒101-0051　東京都千代田区神田神保町1-34
電話 03(3291)5729　FAX 03(3291)5757
振替 00110-5-1853

印刷　太平印刷社　　製本　井上製本所

©2016　Ryo Horita　　　　　　　　NDC分類：140
ISBN978-4-7599-2150-2　　Printed in Japan

JCOPY〈(社)出版者著作権管理機構 委託出版物〉
本書の無断複製は，著作権法上での例外を除き禁じられています。複製される場合はそのつど事前に(社)出版者著作権管理機構（電話 03-3513-6969, FAX 03-3513-6979, e-mail: info@jcopy.or.jp）の許諾を得て下さい。